Bibliografische Information der Deutschen Nationalbibliothek: Die Deutsche Nationalbibliothek verzeichnet diese Publikation in der Deutschen Nationalbibliografie; detaillierte bibliografische Daten sind im Internet über http://dnb.dnb.de abrufbar.

1. Auflage Juli 2020 Originalausgabe

Umschlagfoto und Design: Thomas Berg, Lübeck, www.bilderberg.tv

Herstellung und Verlag: BoD – Books on Demand, Norderstedt

ISBN: 978-3-7504-6219-9

**EDITION 99**
»Dem Menschen, der er einmal werden wird«

**Manuel Jork**

## Vermeiden

Wie Sie die Strategie-Umsetzungs-Blocker-Kettenreaktion stoppen und durch gemeinsames Denken und Handeln die Potentiale Ihrer Mitarbeiter und Ihres Unternehmens zur Entfaltung bringen

»Das fehlende Glied zwischen Mensch und Affe sind wir selbst.«

– Konrad Lorenz

Ich schreibe gleichermaßen für weibliche Leserinnen und männliche Leser und denke dabei auch an Lesende, die sich anderen Geschlechtern zugehörig fühlen. Ich sehe die Vielfalt und würdige die Gleichrangigkeit. Ich mache es mir nur so einfach wie möglich mit der Schriftsprache.

# Vorwort

Umbruch, Neuanfang, Richtungswechsel, Übergang –
in einem Unternehmen gibt es kaum andere Momente,
in welchen einem zwei Dinge recht schnell bewusst
werden. Erstens: Mit wem genau sitze ich schon die
ganze Zeit im gleichen Boot. Und Zweitens: Dies sind
Mammutaufgaben, überwältigend und nicht allein zu
schaffen. In solch einem Moment kommt es darauf an,
gemeinsam zügig, beweglich und effektiv durch das
Wellental vom Ende zum Anfang, vom Alten zum
Neuen zu gelangen. Ohne unnötige Einbußen. So
agieren Unternehmen, die Transformationsvorhaben
erfolgreich in die Tat umsetzen.

Häufig führt dies allerdings dazu, dass man plötzlich
nicht mehr nur ein Ruder in der Hand hält, sondern
zwei oder drei. Oder gar ein ganz anderes als bisher.
Und nun schauen Sie sich um und sehen Menschen, auf
die Sie angewiesen sind, aber diese Menschen sind
irgendwie – anders. Anders als Sie selbst und anders als
die anderen. Mit unterschiedlichen Erfahrungen und
Fähigkeiten. Eigentlich eine gute Nachricht, denn es ist
bewiesen wie erfolgreich diverse Teams sind, die an
einem Strang ziehen und ein gemeinsames Ziel
verfolgen. Wäre da nicht das Urbedürfnis nach
Ähnlichkeit, ganz nach dem Sprichwort: »Gleich und
gleich gesellt sich gern«. Demzufolge wäre man nun
lieber überall, nur nicht in diesem Boot. Ankämpfend
gegen die anrollenden Fluten, jonglierend mit
verschiedenen Rudern, die sich ständig mit denen der
Anderen verhaken und angewiesen auf diese Anderen
mit deren nicht immer logischen Verhaltensweisen.
Und man ahnt, wenn man zu lange in diesem Wellental
verharrt, wird unvermeidlich Wasser ins Boot dringen.

Sie haben nun zwei Optionen: Aussteigen oder kooperieren. Nicht immer steht die erste Option zur Verfügung. Dies ist jedoch nicht so vergeblich, wie es klingen mag, wenn Sie es schaffen, sich zu verbinden. Mit sich selbst, mit den Anderen, mit einem gemeinsamen Ziel. »Wir« statt »ich«. In solch einer Situation gilt es anzuerkennen: Sie müssen nicht alles allein schaffen. Wir sind alle nur Menschen. Dabei würde ich gerne das »nur« streichen. Wir sind Menschen! Wenn wir zu diesem Ursprungsgedanken zurückfinden, dann verstehen wir, dass eine Transformation ihr maximales Potential – für das Unternehmen und für jeden Einzelnen – nur entfalten kann, wenn das Vorgehen KPIs, Zahlen und Prozesse nicht über den Menschen stellt. Wer den Mut und den Willen aufbringt, dies zu verwirklichen, hat verstanden, was Führung in einer Welt andauernder Veränderung und Transformation bedeutet.

Dieses Buch ist ein Appell an uns Leser, sich auf eines zu besinnen, egal in welcher Situation: Jeder Mensch ist einzigartig. Und genau darin ist die Lösung zu finden.


– Kristin Alena Sadowski
Director & Head of Organizational Transformation,
Brunswick Group GmbH

## Die Herausforderung

Auf einer inspirierenden Website stand der Satz: »Sinn und Bedeutung entstehen, wenn Du Dich selbst entdeckst und das, was Du gefunden hast, mit anderen teilst.« Dahinter verbirgt sich der Gedanke, dass wir alle im gemeinsamen Denken und Handeln verbunden sind und dadurch unsere innewohnenden Kräfte zur Entfaltung bringen. Neurowissenschaftler haben dies bestätigt. Diese Dynamik ist Teil unserer Natur. Gleichwohl gelingt dies nicht immer. Dafür gibt es Gründe, von denen jeder die meisten wohl kennt, aber nicht immer wahrhaben möchte.

Dieses Buch richtet sich an Menschen, die mit ihren zahlreichen Entscheidungen den Erfolgsweg ihres Unternehmens jeden Tag mitgestalten. In dem vorangegangenen Buch mit dem eher herausfordernden Titel »Artgerechte Haltung von Menschen« wurden Strategien für die Lösung von Widersprüchen und Konflikten zwischen einzelnen Personen erörtert. Einzelgespräche standen im Vordergrund. Dies ist der Ausgangspunkt für den jetzt folgenden Schritt in die Welt komplexer Interaktionen und Wechselwirkungen. Das Terrain wird unübersichtlicher, die Akteure sind nicht immer berechenbar und relevante Einflussfaktoren verändern sich ständig. Unter diesen Rahmenbedingungen entwickeln Unternehmen möglichst starke Strategien und setzten alles daran, diese schnell und effektiv umzusetzen. Einer allein kann dies niemals erreichen. Es gelingt erst dann, wenn alle Beteiligten vorbehaltlos gemeinsam denken, Hindernisse erkennen, Lösungen suchen, auf der Basis von sachlichen Kriterien entscheiden und gemeinsam handeln. Das Gehirn des Menschen dient dazu, Potentiale zur Entfaltung zu bringen. Potentiale sind Möglichkeiten, die sich durch das Zusammenwirken unterschiedlicher Menschen zu einer unerschöpflichen Vielfalt erweitern und neue Dimensionen menschlicher Gestaltungskraft eröffnen. Menschen sind fein gestimmte Lebewesen, die elastisch sind und viel aushalten. Sie sind empfindsam und empathisch, sie können sich selbst und andere reflektieren, sie können Wissen und Erfahrungen auf unterschiedliche Handlungsfelder übertragen und sie können die Wirkungen ihres Handelns vorhersehen. Sie können damit großartige Taten vollbringen. Es gibt aber einen Haken.

Kein Gehirn existiert für sich allein. Das klingt befremdlich. Vor allem für Individualisten. Es ist jedoch wahr. Gehirne interagieren immer mit anderen Gehirnen. Und so entfalten sich die vielfältigen Potentiale einzig durch sinnvolles Zusammenwirken von möglichst unterschiedlichen Menschen. Hinzu kommt, dass Menschen nicht nicht interagieren können. Sie haben also gar keine Wahl. Sie müssen kooperieren. Dies möchten sie aber nicht immer. Idealerweise kooperieren sie mit unterschiedlichen Menschen. Dies möchten sie noch weniger. An dieser Stelle entstehen Spannungsfelder, Widersprüche und Empfindlichkeiten. Hier nimmt eine Kettenreaktion ihren Lauf, die die schnelle und vor allem effektive Umsetzung von Strategien verlangsamt und blockiert.

## Drei Leitgedanken

In der Komplexität von Unternehmen werden die Ursachen dieser Umsetzungsblockaden oft nicht sofort sichtbar. Die Suche nach Schuldigen beginnt; meistens um von den wahren Gründen abzulenken.

Tatsächlich sind die wahren Gründe auch etwas unangenehm. Sie sind jedoch menschlich und lassen sich lösen. Wir wollen den Versuch unternehmen, in diesem unübersichtlichen Terrain einen Pfad zu finden und sicher hindurch zu navigieren.

Drei Leitgedanken bilden den Ausgangspunkt.

## 1. Matthias Zachert

CEO Lanxess, Auszug aus einem Interview des Handelsblatts vom 29. Juni 2017:

»Für uns ist nicht Größe entscheidend. Viel wichtiger ist, dass ein Unternehmen durch Technologie und Innovation die beste Marktposition in einem Spezial-Segment hat. Wir wollen unter den Top-drei-Anbietern in unseren Geschäften sein. Das erreicht man nicht durch schiere Größe. Am Ende zählt, dass man eine starke Strategie hat und diese schnell umsetzt.«

## 2. Arnold Schwarzenegger

Tim Ferris, Tools of Titans, Vermilion, 2016, Zitat aus dem Vorwort von Arnold Schwarzenegger:

»Ich bin kein Self-Made Man. Wenn ich diese Rolle annehmen würde, würde ich jeden, der mir auf diesem Weg geholfen hat und jeden Rat, den ich erhalten habe, einfach nur abwerten. Du kannst es ruhig zugeben, Du kannst das alles nicht alleine schaffen. Jedenfalls ich kann das ganz sicher nicht. Niemand kann das.«

## 3. Professor Gerald Hüther

Textstelle aus dem Buch »Etwas mehr Hirn, bitte –
Eine Einladung zur Wiederentdeckung der Freude am
eigenen Denken und der Lust am gemeinsamen
Gestalten«, Vandenhoeck & Ruprecht, 2015

»Kein lebendes System existiert für sich allein. Es ist
immer mit anderen Lebensformen verbunden und
kann nur leben und sich weiterentwickeln inmitten
von anderen …« [Seite 76].

In anderen Worten mit dem Blick auf Unternehmen
und Organisationen:

*Unternehmen entfalten ihre Potentiale durch Kooperation
unterschiedlicher Persönlichkeiten über Abteilungsgrenzen, Eigeninteressen und Silos hinweg.*

# Inhalt

## Teil 4
## Das Lieblingsbiotop der Kettenreaktion:
## Die Schnittstellen    101

## Teil 5
## Zurück zur Realität    117

## Nachschlag    123

**Teil 1**
**Die Realität**

Wir befinden uns in der ADVANCED OPTICALS GmbH, ein Unternehmen, das optische Messgeräte für Pharmaunternehmen und medizinische Labors herstellt. Der Firmensitz ist in Deutschland. Dies ist natürlich ein fiktives Unternehmen. Ähnlichkeiten mit tatsächlich existierenden Unternehmen und Menschen wären wirklich rein zufällig. Dies bedeutet jedoch nicht, dass die folgenden Szenen nicht der Realität entsprechen könnten.

**01**
**Vier Fälle**

**1. Annette**

Annette Schöller, 35 Jahre alt, arbeitet als Mitarbeiterin in der Produktionssteuerung. Sie verfügt über gutes Fachwissen, kann Beziehungen herstellen und arbeitet gerne mit anderen zusammen, um Aufgaben schnell zu erledigen. Sie ist selbstsicher, aber nicht selbstbezogen. Sie teilt gerne ihr Wissen mit anderen. Sie reflektiert ihre Arbeit und die ihrer Kollegen auf eine klare Weise, die von allen akzeptiert wird. Sie sucht immer nach Möglichkeiten, zu lernen und besser zu werden. Ihre Leistungsbereitschaft ist auch unter Druck immer verlässlich; sie hält auch dann ihre Beziehungen aufrecht, wird nicht dominant und selbstbezogen, bleibt mental und emotional stabil und denkt in Alternativen. Kurz: Annette ist eine ideale Mitarbeiterin.

---

### Das Erfolgsmodell »Annette«

- Sie verfügt über aktuelles Fachwissen
- Kann Beziehungen herstellen und aufrechterhalten
- Kooperiert
- Teilt, hilft und informiert
- Fokussiert sich auf Ergebnisse
- Erledigt Aufgaben schnell und effektiv
- Verfügt über eine hohe Eigenmotivation
- Ist voller Selbstvertrauen
- Reflektiert sich selbst
- Kann andere reflektieren
- Gibt konstruktives Feedback
- Ist stets respektvoll
- Lernt ständig hinzu
- Ist bereit sich zu verändern
- Ist verlässlich
- Ist belastbar
- Denkt in Alternativen

Zur besseren Übersicht folgt ein Organigramm mit allen Protagonisten. Annettes Position wird dadurch ebenfalls sofort sichtbar.

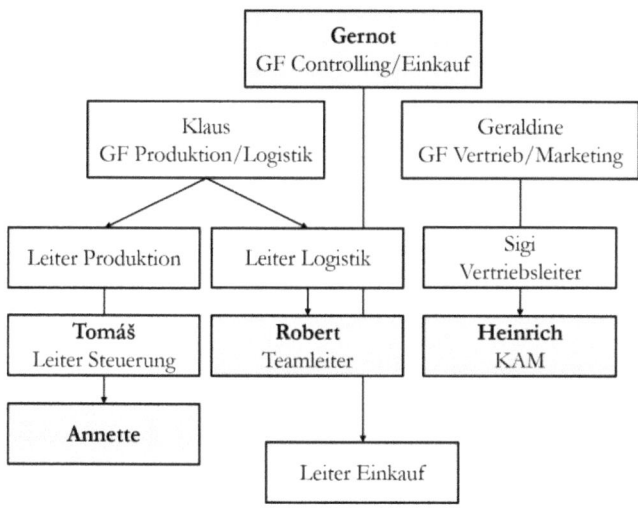

Annette hat ein besonderes Persönlichkeitsmerkmal: Sie ist sehr beziehungsorientiert. Der Vertrieb hat den Verkauf von Komponenten-Produkten erhöht, die für lange Zeit keine hohe Priorität hatten. Der Vertrieb will diese Produkte als Türöffner nutzen. Zeitgleich wollte der Einkauf von den bisherigen, etwas teureren Komponenten abweichen und eine preiswertere Variante einkaufen. Dies alles führte zu erheblichen internen Diskussionen. Es kam in der Folge aus unterschiedlichen Gründen zu Verzögerungen bei der

Anlieferung der Komponenten im Lager. Die Lieferungen der einzelnen Komponenten werden von der Logistik-Abteilung koordiniert, die auch Annette rechtzeitig informieren soll, damit sie die Produktion termingerecht auslösen kann. Der zuständige Teamleiter in der Logistik, Robert Sommerfeld, vernachlässigt seit einiger Zeit seine Aufgaben und handelt nicht mehr zuverlässig. Es hat sich ein erheblicher Rückstau gebildet. Während der letzten drei Monate war er nicht in der Lage, seine Aufgaben korrekt zu erledigen. Komponenten wurden im Lager angeliefert, ohne dass jemand davon wusste. In der Folge wurden Termine in der Produktion nicht eingehalten. Annette übernahm deshalb einen Teil der Dispositionsarbeiten einfach selbst. Dies führte zu einer Überlastung. Ihre eigenen Aufgaben bewältigt sie nur noch mit Überstunden oder informellen »Wochenend-Schichten«, die weder erfasst, noch vergütet werden. Aufgrund dieser Sachlage ist es wiederholt zu verzögerten Auslieferungen gekommen. Kunden haben sich beim Vertrieb beschwert. Der Vertrieb hat sich bei Annettes Chef beschwert. Annettes Chef, Tomáš Jankovic, eine neue Führungskraft aus der slowakischen Niederlassung in Bratislava, steht bereits seit einigen Monaten unter Druck und ist unsicher. Er fordert Annette auf, ihre Arbeit gewissenhaft und korrekt zu machen. Annette ist nicht gleichrangig mit Robert. Ihr Chef, Tomáš wäre der gleichrangige Gesprächspartner. Gleichwohl hat Annette bereits versucht, mit Robert zu sprechen. Leider ohne Erfolg. Annette möchte dieses Problem nicht zu Lasten der Kunden austragen und steuert Teile des Logistik-Prozesses weiterhin selbst, spürt aber den zunehmenden Druck und ist ratlos.

## 2. Heinrich

Heinrich Tobler arbeitet als Global Key Account Manager und hat das Komponenten-Geschäft als Türöffner eigenverantwortlich auf den Weg gebracht. Heinrich verhält sich auffallend territorial und dominant. Er verfügt über sehr gutes Fachwissen, hat sich ein breites Netzwerk geschaffen und nutzt dies teilweise zu seinen eigenen Gunsten. Termin- und Preisabsprachen sind nicht immer transparent. Es ist der Eindruck entstanden, dass er gerne auch mal Kundenbesuche im Ausland plant, wenn ihm die Arbeit in Deutschland zu langweilig wird. Erst kürzlich war er in Sao Paolo und niemand wusste so genau warum das notwendig war. Er trifft selbständige Entscheidungen ohne seinen Chef, Siegfried»Der Sigi« Lechner, zu informieren. Wenn er gefragt wird, lächelt er wissend und sagt:»Ich weiß, nicht jeder hält mich aus«. Sein Benehmen stößt bei anderen immer häufiger auf Kritik. Er verhält sich teilweise grob, unhöflich und abgrenzend. Viele weichen vor ihm aus. Vor allem der Innendienst hat Schwierigkeiten, Kompromisse mit ihm zu finden. Sie streiten oft über Preise und Lieferdaten. Auch fühlen sich einige Kunden von ihm unangemessen behandelt und beschweren sich über sein saloppes Auftreten und die groben Redensweisen. Trotzdem sind seine Resultate gut und seine Abschlussrate hoch.

## 3. Gernot

Dr. Gernot Rademacher, 51 Jahre alt, Diplom-Kaufmann, ist Sprecher der Geschäftsführung. Er denkt und arbeitet sehr strukturiert und planvoll. Die Umsatzziele der letzten beiden Berichtszeiträume wurden nicht erreicht. Er ist deshalb bei den Eigentümern des Unternehmens in die Kritik geraten. Er versucht Risiken zu vermeiden und gleichzeitig Kosten einzusparen. Die Anweisung an den Einkauf, preiswertere Komponenten einzukaufen, kam von ihm. Seine Geschäftsführungskollegin aus dem Vertrieb, Geraldine Duchamps, war damit nicht einverstanden. Es kam zum Konflikt, in dessen Verlauf Gernot Rademacher die Machtkarte ausspielte. Er hat zudem verfügt, dass künftig alle relevanten Entscheidungen über seinen Tisch zu gehen haben. Der Vertrieb reagierte verärgert und überflutet ihn seitdem mit Entscheidungsvorlagen. Diese Vorlagen entsprechen aber oft nicht den Detailanforderungen von Gernot Rademacher, der sie dann wieder zur Nachbesserung zurückreicht und sich über die mangelnde Kompetenz der Fach- und Führungskräfte beklagt.

## 4. Die Schnittstellen

Der dritte Geschäftsführer, Klaus Steigenberger, ist für Produktion und Logistik zuständig. Er hat seine direkten Mitarbeiter aufgefordert, gemeinsam mit Vertrieb, Einkauf und Controlling die Produktionsprioritäten festzulegen, möglichst das Produkt-Portfolio zu bereinigen und künftige Lieferengpässe zu vermeiden. Die daraufhin erfolgten Gesprächsrunden führten zu endlosen, sich im Kreis drehenden Debatten. Der Vertrieb verbat sich die Einmischung, schließlich könne er die Marktgegebenheiten und die Kundenbeziehungen am besten einschätzen. Die Vorgehensweise des Einkaufs lehnte er ab. Der Einkauf verteidigte sich mit dem Kostenargument und mit dem Hinweis darauf, dass der Vertrieb bisher nicht erklären konnte, warum die teureren Komponenten für den Kunden einen Qualitätsunterschied machen würden. Die Produktionsverzögerungen wurden vom Vertrieb und Controlling gegenüber dem Logistikleiter beklagt. Der verwies auf die Produktionssteuerung. Annettes Name wurde kurz erwähnt. Die Gespräche verliefen bisher ergebnislos.

Möglicherweise kommt Ihnen das eine oder andere bekannt vor. Die ADVANCED OPTICALS GmbH ist überall. Unter Druck und in Krisen wächst das Risiko, Entscheidungen und Anordnungen zu treffen, die Dinge eher komplizieren anstatt sie zu vereinfachen und zu lösen. Eigennutz nimmt zu, Meetings drehen sich endlos im Kreis, werden frustriert vertagt und Schuldige gesucht. Wer klug ist, geht in Deckung. Bündnisse von Gleichgesinnten schaffen Wagenburgen und verteidigen ihre sicheren Silos. Bereichsübergreifende Kooperationsbereitschaft nimmt ab und spätestens an dieser Stelle geht Potential verloren, der Leistungsgrad nimmt ab, Innovationen werden nicht gedacht und gewagt, die Suche nach Exzellenz versandet im Mittelmaß. Und immer gibt es Mitarbeiter, die versuchen dies auszugleichen. »Klammeraffen« machen die Runde und diejenigen, zu denen diese possierlichen Tiere gehören, tun so, als hätten sie damit nichts zu tun und hoffen, dass dies nicht auffällt. Eine Kettenreaktion kommt in Gang. Sie hat immer die gleiche Ursache: Vermeiden.

Das Gegenmittel lautet:

Hinsehen, Ansprechen, gemeinsam Denken und Handeln.

## 02
## Der Sog des Vermeidens

Alles beginnt mit möglichst starken Strategien. Die Umsetzung erfolgt meistens mit einem motivierenden Kick-Off und läuft solange gut, bis erste Hindernisse auftauchen. Dann stehen die handelnden Personen an einer Weggabelung.

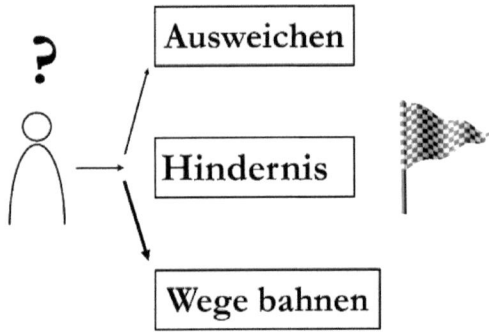

Sie müssen entscheiden, ob sie ausweichen und Hindernisse vermeiden, oder ob sie nach Lösungen suchen und sich Wege bahnen. Dafür werden Experten, Führungskräfte und Entscheider eigentlich beschäftigt und bezahlt. Wie sagt man im Fußball jedoch: »Geld schießt keine Tore.«

Die Kettenreaktion beginnt dort, wo Menschen Entscheidungen treffen und umsetzen müssen, dies aber nicht oder nur halbherzig tun. Dafür gibt es Gründe.

## 1. Stress

Dies ist der häufigste Grund für Ausweichen und Vermeiden. Unter Stress nimmt die Bereitschaft, andere in Gedanken- und Handlungsprozesse einzubeziehen ab. Stattdessen nehmen Dominanzverhalten und Abgrenzung zu. Die Selbstrechtfertigung lautet: »Der einzige, auf den ich mich verlassen kann, bin ich selbst«. Damit laufen Entscheidungsprozesse mit hoher Wahrscheinlichkeit in weitere Hindernisse hinein, Belastung und Stress nehmen zu, alternative Lösungsoptionen werden nicht mehr erkannt, Ausweichen erscheint als letzte Rettung.

## 2. Regression

Solche Belastungssituationen führen in vielen Fällen zu einem erstaunlichen Phänomen. Führungskräfte, die die Karriereleiter vom Experten über die Rolle des Teamleiters zu den oberen Führungsebenen erklommen haben, steigen diese Leiter rückwärts wieder herab. Der Schritt vom Experten zum Teamleiter und die weiteren Schritte entlang der Karriere-Pipeline [1] werden oft unterschätzt. Das Gefühl Experte zu sein, verleiht Sicherheit und Selbstvertrauen und bildet die Grundlage für den Selbstwert einer Person. Mit jedem Karriereschritt müssen Sicherheit, Selbstvertrauen und Selbstwert neu erarbeitet und gegründet werden.

------------------------------------------------------------------

[1] Ram Charan, Steve Drotter, Jim Noel, The Leadership Pipeline, How to Build the Leadership Powered Company, Jossey-Bass, 2011

In solchen Momenten spüren Menschen ihre eigene Verletzlichkeit.

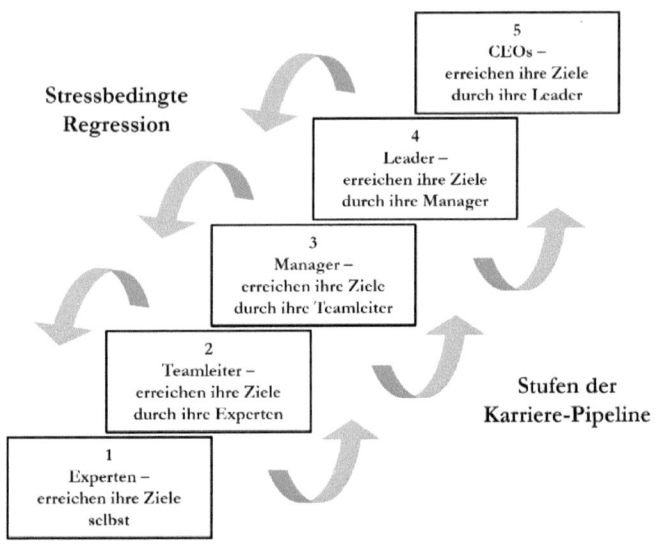

Geraten sie unter Druck, erreichen sie früher oder später ein kritisches Stress-Level und ihr Autopilot setzt ein. Sie suchen dann instinktiv den Ort, der ihnen die größte Sicherheit bietet: Zurück in die Expertenrolle und alles selbst beurteilen, entscheiden und umsetzen. Sie regredieren in einen früheren Zustand.

Dies ist eine besondere Form des Ausweichens. Die betreffende Führungskraft wird zwar tätig, sogar im Übermaß, ihrer eigenen Aufgabe entflieht sie jedoch, weil sie dem Problemlösungs- und Delegationsdruck nicht standhält. Dadurch wird im eigentlichen Handlungsraum ein Vakuum erzeugt und gleichzeitig aktiv in Aufgabenfelder anderer eingegriffen. Für die beteiligten Mitarbeiter entsteht eine Verwirrung, die sie meistens mit Schulterzucken und Abwarten quittieren. Leistung geht verloren, das gesamte System gerät aus dem Gleichgewicht.

## 3. Furcht

Lösungsoptionen in komplexen Szenarien zu finden, zu bewerten und Entscheidungen zu treffen, bedeutet immer auch, etwas Neues zu wagen. Entscheidungen gestalten stets die Zukunft und ihnen haftet daher auch immer Ungewissheit an. Für ein wertvolles, zielorientiertes Zukunfts-Management gibt es keine Geling-Garantie. An dieser Stelle entsteht in acht von zehn Führungskräften weltweit, ungeachtet der Herkunft, der Ausbildung, der Seniorität, des Alters oder des Geschlechts, eine oftmals nicht konkret greifbare, diffuse Furcht:

- Furcht vor ungewissem Ausgang
- Furcht vor unbeabsichtigten Auswirkungen
- Furcht vor unerwarteten Reaktionen
- Furcht vor Versagen
- Furcht vor Ablehnung
- Furcht vor Kontrollverlust

Diese Furcht ist diffus, weil es selten rationale und konkrete Gründe gibt. In den meisten Fällen gibt es keine reale Risiko- oder Gefahrenlage. Möglicherweise verstärkt gerade dies die gefühlte Ungewissheit und die damit einhergehenden Befürchtungen des Scheiterns. Diese diffuse Furcht verhindert klares Denken und Handeln, vor allem in wichtigen Entscheidungsmomenten. Hier befindet sich die Führungskraft wiederum an der oben dargestellten Weggabelung und ist zum Handeln gezwungen. Ausweichen ist kaum möglich. Der Druck erhöht sich. Auswege werden gesucht, die früher oder später, mehr oder weniger elegant, mehr oder weniger unauffällig genutzt werden. Mutige Entscheidungen auf der Grundlage von klarem faktenorientiertem Denken werden vermieden. Die schnelle Umsetzung von Strategien gerät ins Stocken. Wiederum geht Leistung verloren.

Die Darstellung der vorgenannten Punkte 1–3 dient als Ermutigung zum klaren Hinsehen, und gleichzeitig auch der Ehrenrettung von Führungskräften. Stress, Regression und Furcht werden oft als peinlich erlebt und verschwiegen. Sie sind jedoch menschlich und auch eine hohe Gehaltsgruppe führt nicht dazu, dass unser Gehirn plötzlich resilient und furchtlos wird. Hier lassen wir uns gerne von Arnold Schwarzenegger inspirieren: »Du kannst es ruhig zugeben, Du kannst das alles nicht alleine schaffen. Jedenfalls ich kann das ganz sicher nicht. Niemand kann das.«

## Zwischenruf: Sinn – Bedeutung – Integrität

Warum möchte überhaupt jemand Führungskraft werden? Dies ist im Übrigen eine Frage, die sich Vertreter der nächsten Generationen bereits stellen und dazu neigen, sie mit großer Skepsis und eher ablehnend zu beantworten. Es gibt zwei Beweggründe. Zum einen werden Menschen von besonderen Anliegen bewegt. Im Englischen nennt man das »Purpose«. Im Deutschen gibt es dafür kein geeignetes Wort. Vielleicht entsprechen dem die

Begriffe »Sinn und Bedeutung« am ehesten. Wer keinen »Purpose« empfindet, dem fehlen auf lange Sicht Energie und Motivation, um die ständigen Herausforderungen einer Führungsaufgabe möglichst nahe der Ideallinie meistern zu können.

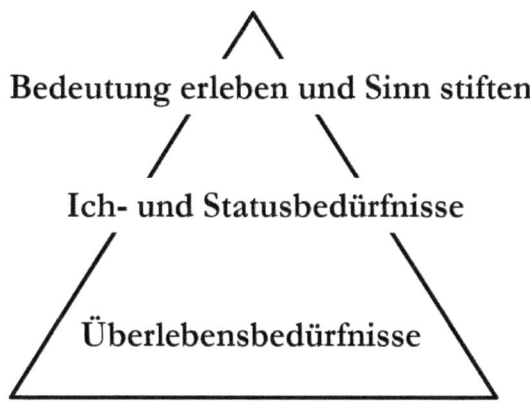

Dies lässt sich durch einen Blick auf die Maslowsche Bedürfnispyramide veranschaulichen. Solange ein Mensch um seine Existenz kämpfen muss oder sein Ego in den Mittelpunkt stellt, agiert er aus einem Defizitzustand heraus. Ich zuerst. Er ist nicht in der Lage anderen auf empathische Weise genügend Raum für gemeinsames Denken und Handeln zu gewähren. Damit ist auch sein emotionaler und mentaler Führungsradius eingeschränkt. Er wird auf Dauer nicht in der Lage sein, andere stabil und zielgerichtet zu führen.

Erst wenn sich – bildlich gesprochen – die Pyramide wendet, verfügen Führungskräfte über die notwendigen inneren Ressourcen, um die ständigen Herausforderungen meistern zu können.

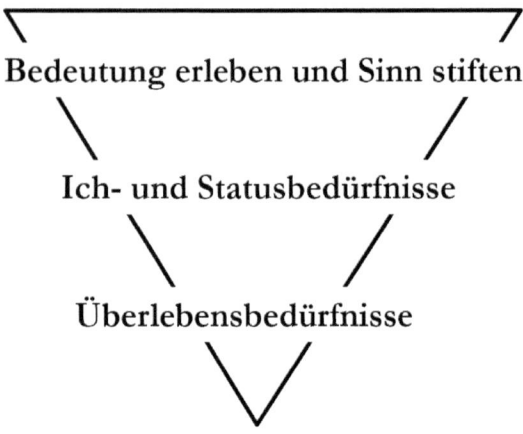

Sinn und Bedeutung verleihen die Kraft, Verantwortung für die Gestaltung unternehmerischer Prozesse, die über das Leistungsvermögen einzelner weit hinausgehen, zu übernehmen und auch Widrigkeiten standhaft entgegenzutreten. Wer derart beflügelt ist, übernimmt Führung. Nicht aus Eigennutz oder Selbstbestätigung, sondern um große und nutzbringende Ideen zu manifestieren. Solche Führungskräfte erkennt man nicht nur an ihrem Handeln, sondern daran, wer sie sind. Das »Sein« schafft Integrität. Andere müssen sich nicht nur auf Vereinbarungen und Zusagen verlassen, sondern sie können und dürfen sich auf den Menschen verlassen. Solche Führungskräfte schreiben gute Geschichten.

Zum anderen gibt es Führungskräfte, die nicht primär von Sinn und Bedeutung zukunftsgerichtet angetrieben sind, sondern von einem organisationalen Sog erfasst werden; gelegentlich wider Willen. Menschen werden nicht als Führungskräfte geboren. Karrieren beginnen stets mit einem bescheidenen Wirkungsradius, der sich idealerweise mit der Zeit erweitert, wenn sich der Mitarbeiter einen Expertenstatus in seinem speziellen Tätigkeitsfeld erworben hat. Erfüllt der Experte seine Aufgaben auffällig gut, wird er als Talent entdeckt und erhält ein Angebot für die Stelle eines Teamleiters. Er steht nun an einer bedeutenden Weggabelung. Schlummert in ihm ein »Purpose«, dann sagt er Ja und eine wahrscheinlich gute Geschichte nimmt ihren Anfang. Verfügt er über diesen »Purpose« nicht oder nicht in ausreichendem Maße, dann setzt ein Abwägen meistens materieller Kriterien ein. Rolle, Aufgaben und Herausforderungen, die mit diesem Karriereangebot einhergehen, werden zu diesem Zeitpunkt oft noch nicht vollständig erfasst. Nein sagen ist häufig keine Option, weil der Kandidat das Wohlwollen seiner Entdecker nicht gefährden möchte. Das System entfaltet seine Wirkung. Diesem Sog können sich Menschen kaum entziehen. Die Karriereentscheidung wird nun auf der Grundlage eher diffuser emotionaler Gründe getroffen. Ab jetzt wird eine Geschichte geschrieben, die mit hoher Wahrscheinlichkeit in entscheidenden Momenten den Weg des Vermeidens einschlagen wird.

Zwischenfrage: Wie viele Führungskräfte, die Sie kennengelernt haben, würden Sie der einen oder der anderen Kategorie zuordnen?

Während die Darstellung von Stress, Regression und Furcht auch der Ehrenrettung von Führungskräften diente, ist der nächste Grund für Ausweichen und Vermeiden zwar ebenso allzu menschlich, jedoch nicht im gleichen Maße verzeihlich.

## 4. Der eigene Umgang mit Kompetenzmängeln

Kompetenzmängel liegen in der Natur der Sache. Niemand kann alles. Auch Experten können dies nicht. Die Frage ist, wie Führungskräfte damit umgehen und inwieweit ein Unternehmen dafür reflexionsfähig ist. Betrachten wir einen häufig wiederkehrenden Fall.

Matthias wurde vor einem Jahr als Teamleiter im Einkauf eingestellt, zeigt jedoch Mängel sowohl in der Führung seiner Mitarbeiter, als auch in der Durchführung von Vertragsverhandlungen mit Lieferanten. Seinem Chef ist dies aufgefallen und er hat es auch einmal angesprochen. Das Gespräch war beiden unangenehm. Es endete mit positiven Willensbekundungen, geändert hat sich jedoch nichts. Jetzt müsste der Chef seine Leistungserwartungen klar formulieren, die Abweichungen benennen und mit Matthias eine eindeutige Absprache treffen, die dieser mit einem verlässlichen Ja-Wort zu quittieren hätte. Der Chef befindet sich jetzt an der unvermeidlichen Weggabelung, an der »Impact-Schwelle«. Nun entscheidet es sich, ob Leistung zur Entfaltung kommt oder verloren geht. Handeln oder Ausweichen. Entscheidend ist jetzt auf welche Weise er die oben beschriebenen drei Herausforderungen Stress, Regression und Furcht meistern und von sich fernhalten kann. Die Erfahrung zeigt, dass Führungskräfte, die nicht über eine sichere Verankerung in einem Sinn-und-Bedeutungs-fundament verfügen, auch in ihrer Resilienz eingeschränkt sind. Die Wahrscheinlichkeit, dass sie den Weg des Vermeidens einschlagen ist hoch. Beide werden vermutlich der Wahrheit nicht ins Gesicht schauen wollen. Matthias möchte seinen Arbeitsplatz sichern. Sein Chef befürchtet, dass er mit ihm den Falschen eingestellt hat. Dies wäre unangenehm, mit einem optimalen HR-Prozess auch vermeidbar gewesen, jedoch ist der Leistungsverlust zu diesem Zeitpunkt noch angemessen zu korrigieren. Gleichzeitig ist es formell und emotional nicht einfach, sich von einem Mitarbeiter nach der Probezeit zu trennen. Dies geht oft nur über langwierige arbeitsrechtliche Verfahren oder über einvernehmliche Regelungen, die zu verhandeln sind. Hier steht der Vorgesetzte in seiner Selbstwahrnehmung oft mittellos da und die oben genannten Befürchtungen treten wieder auf. Die meisten Führungskräfte fühlen sich gegenüber arbeitsrechtbewehrten Mitarbeitern latent unterlegen. Eine gute Verhandlungskompetenz kann das ausgleichen. Die meisten Führungskräfte sind jedoch keine geübten Verhandler. All dies geht dem Chef von Matthias an der Weggabelung durch den Kopf. Ausweichen wird zu einer ernsthaften Option. Die notwendige Selbstrechtfertigung liefert folgender innerer Dialog: »Matthias kann ja auch etwas. Unter normalen Bedingungen ist er leistungsfähig und leistungsbereit. Und wenn ich ihn jetzt ersetzen würde, müsste ich auch erstmal einen neuen Kandidaten finden. Und es kostet Zeit, bis dieser eingearbeitet ist. Da behalte ich Matthias doch lieber.«

Aus diesem Grund gibt es in jedem Unternehmen Mitarbeiter wie Matthias. Die damit verbundenen Probleme bleiben jedoch nicht auf ihn und seinen Chef begrenzt. Sie wirken über Schnittstellen in andere Unternehmensbereiche hinein und setzen sich dort fort. Eine Kettenreaktion kommt in Gang. Das beidseitige Vermeiden von Matthias und dessen Chef erfolgt nun auf Kosten anderer und auf Kosten des Gesamterfolgs.

## 5. Eigennutz

Dies leitet über zu einem weiteren Grund für Vermeiden und Ausweichen: Eigennutz. Hier liefern Sigi und Heinrich die passenden Beispiele. Heinrich ist eine sehr raumfordernde Persönlichkeit. Sigi weiß das zwar, hat aber scheinbar nicht deutlich genug begrenzende Linien um Heinrichs Spielfeld gezogen. Vor den zu erwartenden Auseinandersetzungen ist er ausgewichen – Heinrichs Abschlussrate ist ja hoch – und Heinrich hat eben dies genutzt, um seine eigene Einflusssphäre weiter auszudehnen.

Stress, Regression, Furcht, Ignorieren von Kompetenzmängeln und Eigennutz sind also die am meisten verbreiteten Ursachen für Vermeiden und Ausweichen.

Ausweichen im Führungsraum führt immer zu einem Handlungsvakuum. Ein Unternehmen ist eine Struktur miteinander verbundener Einflussbereiche. Dieser Einfluss wird durch strukturiertes und prozessorientiertes Handeln von entsprechend legitimierten Verantwortungsträgern ausgeübt. Soziologen beschreiben diese organisationalen

Einflusszonen als freie Räume, in denen immer ein gleiches Maß an Führungsmacht herrscht. Im Vakuum können sich Menschen nicht nicht verhalten. Es kommt zu einer instinktiven Umverteilung dieser Einflussmacht. Da dies meist nicht bewusst und kontrolliert geschieht, entstehen nun ungeordnete und planlose Eigendynamiken. Die Macht ist niemals weg, sondern nur woanders. Sie verteilt sich aufgrund instinktiver individueller Verhaltensdynamiken, die von der jeweiligen Persönlichkeitsstruktur der beteiligten Akteure abhängig sind und daraus ihre Antriebskräfte generieren.

Eine Kettenreaktion kommt in Gang. Sigi zögert, seine Rolle auszufüllen, Heinrich erkennt dies, übernimmt das entstandene Mikrovakuum und eignet sich die freigewordene Einflussmacht informell und ohne Legitimation an. Dies führt unvermeidlich zu Spannungen und Interessenkonflikten mit anderen Abteilungen. Seine Entscheidung zugunsten der Komponenten-Produkte als »Türöffner« dient in erster Linie nur ihm selbst. Sigi ist einer frühzeitigen Klärung mit Heinrich ausgewichen. Er vermeidet den Konflikt und löst dadurch eine Welle von Komplikationen aus, die weite Teile des Unternehmens erfassen. Ganz am Ende ist mit Annette eine Mitarbeiterin die Leidtragende, die diese vielen Einzeldynamiken in ihren Wechselwirkungen gar nicht erkennen kann. Der zurückliegende Auslöser war purer Eigennutz.

## 6. Schnittstellen

Vakuum, störende Eigendynamiken und informelle Machtumverteilungen haben einen Lieblingsort. Die am wenigsten strukturierten und geführten Räume in einer Organisation sind die Schnittstellen zwischen den jeweiligen Zuständigkeitsbereichen. Strategie-Umsetzungs-Blocker können sich hier frei entfalten und vermehren. Schnittstellen sind unvermeidbar und finden sich überall in Unternehmen. Ein besonders berüchtigtes Beispiel sind Matrix-Organisationen; Zum Beispiel eine internationale Vertriebs-organisation mit Zentrale und sieben Länder-organisationen, 5 Produktgruppen mit über 1.000 Produkten und auf die Länder verteilten Budgets für Vertrieb und Marketing. Stellen Sie sich bitte für einen Moment vor, Sie wären der zentrale Marketingchef.

Eine schnelle und wirksame Umsetzung von Strategien entscheidet sich immer an den Schnittstellen. Hier entfaltet sich Leistung oder geht verloren.

## 03
### Erleben im Führungsraum

Wir haben bereits das Bild eines Führungsraums gewählt, in welchem sich die Interaktionen zwischen allen Beteiligten – Führungskräften, Mitarbeitern und Peers – ereignen. Stellen wir uns eine neue Führungskraft vor, die diesen Raum zum ersten Mal betritt und ihn angemessen füllen möchte. In diesem Raum befinden sich Menschen mit Rollen und Aufgaben. Was erlebt nun eine neue Führungskraft, wenn sie diesen Raum betritt?
Für alle Beteiligten entsteht eine neue Situation mit einem Bedürfnis nach Orientierung. Das Gehirn schaltet hierfür ein besonderes Instrument ein. Das unbewusste Radar.

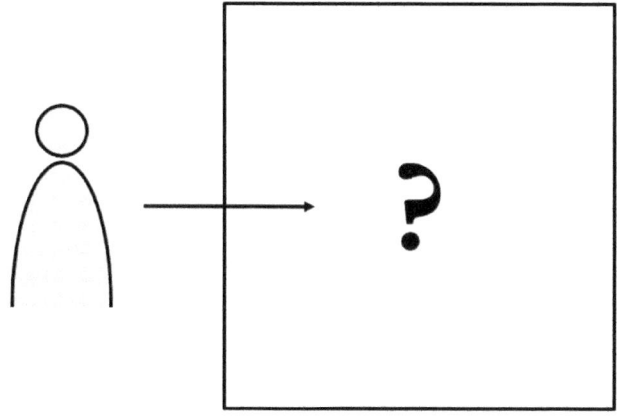

## Das unbewusste Radar

Menschen prüfen oder »scannen« sich unablässig wechselseitig in Millisekunden [2]. Dabei suchen sie nach Verbindungen mit anderen Menschen, die sicher, sinnvoll, verlässlich und gewinnbringend sind. Gleichzeitig dient dieses innere Radar dem eigenen Schutz. Menschen sind verletzlich und bevor sie Verbindungen eingehen, prüfen sie ihr Gegenüber sehr genau. Dabei kommt es auf Details an und deshalb ist ihr Radar auch sehr fein justiert. Es gibt eine unendliche Vielzahl Signale, die auf Menschen einwirken. Das natürliche Radar filtert die wichtigsten Signale heraus und sortiert diese nach einer Bedeutungsreihenfolge [3].

------------------------------------------------------------------

[2] Kimberly D. Elsbach, Brillante Idee besser verkaufen, HBM Dezember 2003.
[3] Manuel Jork, Artgerechte Haltung von Menschen, BoD 2019, Seiten 20 ff.

Diese Reihenfolge variiert je nach Persönlichkeitstypus und Situation. Zwölf Kriterien stehen im Vordergrund.

01. Ist der andere eine Gefahr für mich oder ist er friedlich?

02. Ist der andere präsent? Ist er »bei mir« oder ist er gerade mit sich selbst beschäftigt?

03. Nimmt er mich wahr? Werde ich gesehen oder sieht er nur sich selbst?

04. Hat er ein Interesse an mir als Person oder sieht er nur einen sachlichen Nutzen in mir?

05. Begegnet er mir mit Wertschätzung und Respekt oder verhält er sich abwertend und respektlos?

06. Kann ich ihn leicht einschätzen oder verhält er sich mehrdeutig und unklar?

07. Ist er mir ähnlich?

08. Ist er kompetent? Kann er etwas, das für mich nützlich ist?

09. »Leuchtet« er für das, was er tut oder macht er dies nur, weil er muss?

10. Ist er bereit, seine Kompetenzen auch für mich einzusetzen? Empfindet er dabei meine Interessen als mindestens genauso wichtig wie seine eigenen oder stellt er meine Interessen vielleicht sogar in den Vordergrund?

11. Kann ich mich dauerhaft auf ihn verlassen oder muss ich damit rechnen, dass er seine Versprechen nicht einhält oder morgen gar nicht mehr für mich da ist?

12. Bleibt er auch unter Druck und Belastung verlässlich?

Erst wenn ALLE diese Kriterien tatsächlich erfüllt und nicht nur indirekt adressiert sind, fühlt der Mensch sich sicher und wohl und beginnt, Vertrauen aufzubauen. Ist eines dieser Kriterien nicht erfüllt, ist er irritiert und sein Scan reagiert mit einem Warnsignal. Der Scan läuft dann besonders intensiv weiter. Dies kostet Energie und erzeugt Störgefühle, die den Aufbau von Vertrauen und stabilen Beziehungen behindern. Vertrauen ist die Voraussetzung für dauerhaftes und verbindliches gemeinsames Handeln. Dieser Begriff wird oft ungenau verwendet und als emotionaler »Soft-Faktor« in seiner wahren Bedeutung missverstanden. Dahinter verbirgt sich die logische Struktur des inneren Radars mit seinen genauen Kriterien und situationsgerechten Filterstrategien. Bei unklaren Signalen läuft dieses Radar fast pausenlos. Ein Radar im Dauereinsatz kostet Energie und das Gehirn empfindet dies als unangenehm. Wenn stattdessen jemand das Radar positiv passiert, kann sich das Gehirn entspannen, den Energieverbrauch auf Sparmodus herunterfahren und anfangen, sich wohlzufühlen. Menschen sagen dann auch oft, dass die »Chemie« stimmt, dass sie sich auf einer »Wellenlänge« befinden und dass sie jetzt so sein können, wie sie sind. Diesen Zustand verbinden sie mit dem Gefühl und dem Begriff »Vertrauen«. Jetzt ist gemeinsames Handeln vorbehaltlos möglich.

Ein Element des inneren Radars spielt hierbei eine besondere Rolle: Die Suche nach Ähnlichkeit. Wenn sich jedoch Potentiale in ihrer Vielfalt erst durch das Zusammenwirken möglichst unterschiedlicher Menschen entfalten, steht unser Bedürfnis nach Ähnlichkeit der Potentialentfaltung entgegen. Dieser

Widerspruch zieht sich wie ein roter Faden durch die Strategie-Umsetzungs-Thematik hindurch.

## Scanning im Führungsraum

Unsere Führungskraft hat den Raum betreten und wird sofort von allen gescannt. Hier beginnen die sogenannten ersten hundert Tage von denen wir wissen, dass jedes Signal der neuen Führungskraft kritisch unter die Lupe genommen wird.

*»During those first few months, your formal decisions, informal behavior and symbolic acts will be closely scrutinized by everyone with an interest in your company: employees, customers, shareholders, investors and competitors. Everything you do and say will send messages, set tone, establish expectations and communicate directions. While these first 100 days represent a unique window of opportunity, they also hold incredible risks. Your initial decisions will shape perceptions that may last for years [4].«*

Während dieser kurzen Zeit werden sämtliche Entscheidungen unserer neuen Führungskraft genauestens beobachtet. Vor allem aber deren informellen Handlungen, Gesten, Körpersprache, mit wem sie spricht, mit wem nicht, wie oft, wie lange, welches Gesicht sie dabei macht, vor allem welches Gesicht der Gesprächspartner macht. Alle beobachten alles. Auch wenn die Person, die gerade

-------------------------------------------------------------------

[4] The First 100 Days – The New CEO's Challenge, Mercer Delta Executive Leadership Series 2001

im Fokus steht, dies gar nicht merkt. Alles, was sie sagt und tut, sendet Signale und Botschaften aus, die oft sehr eigenwillig interpretiert werden. Jedenfalls nicht so, wie sie es gerne hätte. In wenigen Tagen spricht sich alles herum. Diese ersten Tage haben einen ungeheuren Multiplikationseffekt. Dies ist riskant. Gleichzeitig ist dies auch eine Chance, die sich nutzen lässt.

Die Grundstruktur des neuronalen Radars gibt Aufschluss über die inneren Prozesse der Beteiligten in der ersten Phase der Begegnung. Der Scan der Mitarbeiter reagiert besonders empfindlich auf folgende Kriterien:

- Nimmt er mich wahr? Werde ich gesehen der sieht er nur sich selbst?
- Ist er kompetent? Kann er etwas, das für mich nützlich ist?
- Ist er bereit, seine Kompetenzen auch für mich einzusetzen? Empfindet er dabei meine Interessen als mindestens genauso wichtig wie seine eigenen oder stellt er meine Interessen sogar in den Vordergrund?
- Kann ich mich dauerhaft auf ihn verlassen oder muss ich damit rechnen, dass er seine Versprechen nicht einhält?

Dies lässt sich in drei Kategorien gliedern:

- Aufmerksamkeit
- Kompetenz
- Verlässlichkeit

Die Kurzfassung lautet:

- Kann er was?
- Und was habe ich davon?

Mitarbeiter werden diese Fragen selten offen stellen. Sie stellen sie aber gleichwohl innerlich und vor allem in Gesprächen untereinander und deshalb müssen diese Fragen auch beantwortet werden. Dafür haben neue Vorgesetzter jedoch keine 100 Tage Zeit. Dies sollte möglichst schnell offen und transparent angesprochen und ein gemeinsamer Weg für die gemeinsame Beantwortung dieser Fragen vereinbart werden. Übrigens gibt es ein Land, in welchem Mitarbeiter diese kritischen Scan-Fragen auch offen und direkt aussprechen; vor allem gegenüber Führungskräften, die aus dem Ausland kommen: Die Schweiz. Sollten Sie also vor solch einem Karriereschritt stehen, wissen Sie jetzt, wie Sie sich darauf gut vorbereiten können.

Scanning erfolgt jedoch auch in entgegengesetzter Richtung. Das Radar neuer Chefs reagiert gegenüber Mitarbeitern besonders empfindlich auf folgende Kriterien:

- Kann ich ihn leicht einschätzen oder verhält er sich mehrdeutig und unklar?
- Ist er kompetent?
- »Leuchtet« er für das, was er tut?
- Ist er bereit, seine Kompetenzen für das Team einzusetzen?
- Kann ich mich auf ihn verlassen.

Zusätzlich scannen Führungskräfte von Teams immer auch die Qualität der Zusammenarbeit zwischen den Teammitgliedern. Die Kurzfassung lautet:

- Sind alle unkompliziert?
- Sind sie kompetent?
- Arbeiten sie gut zusammen?

Im Grunde genommen möchten Führungskräfte Mitarbeiter wie Annette.

## Signale für die Qualität der Zusammenarbeit

Die erste Phase der Zusammenarbeit dient vor allem dem Kennenlernen, sie ist eine Scanning-Phase und sie ist geprägt vom Senden und Empfangen von Signalen. An welchen Signalen lässt es sich nun schnell erkennen, ob ein Team gut zusammenarbeitet oder nicht? Hierfür gibt es ein Wahrnehmungs-Modell aus der Paarberatung. John Gottman [5] hat Signale untersucht und kategorisiert, die Aussagen über die Qualität von Paarbeziehungen gestatten. Vor allem lassen sich auf diese Weise Störungen erkennen. Gottman prüft daran, ob es sich überhaupt lohnt, eine Paarberatung zu beginnen. Es gibt eine Kategorie von Signalen, die so gravierend sind, dass eine »Heilung« unwahrscheinlich ist. All dies gilt auch für Teams in Unternehmen. Sollte Ihre eigene Paarbeziehung derzeit eine schwierige Phase durchmachen, können Sie die nächsten Seiten auch überspringen. Das für Führungszwecke erweiterte Gottman-Modell besteht aus den folgenden Kriterien:

1] Aneinander vorbeireden
  - Nicht zuhören
  - »Selbstgespräch führen«
  - Mit jemandem sprechen, nur weil man muss
  - Nicht auf den anderen eingehen
  - Antworten ignorieren

2] »Gerichtsverhandlung«
  - Beschuldigen
  - Anklagen
  - Verurteilen

3] Verteidigen und Gegenattacke
  - »Das ist doch alles ganz anders«
  - »Das habe ich nie gesagt«
  - »Du machst das doch auch«
  - »Du musst mal richtig zuhören«

4] Rückzug
  - Kalte Schulter zeigen
  - Mauern und blockieren
  - Informationen verweigern oder jemanden mit Informationen überfluten
  - Jemanden gegen die Wand fahren lassen

5] Verachtung
  - Mangelnder Respekt
  - Entwürdigen
  - Abwerten
  - Verächtlichmachen
  - Mobbing

---

[5] John M. Gottman, Die 7 Geheimnisse der glücklichen Ehe, Ullstein 2014

Auf diese Signale achten aufmerksame Führungskräfte, sprechen sie zeitnah an, machen sie dadurch für alle transparent und lösen die dahinterliegenden Interaktionsblockaden zügig auf. Auf indirekte Weise signalisieren sie dadurch, dass sie ihre Mitarbeiter »sehen«. Gleichzeitig enthält dieses Signal eine zweite Ebene:

»Ich sehe alles.«

Dies ist eines der »power«-vollsten Signale überhaupt.

Wir sprachen zuvor von den ersten 100 Tagen. Wir betrachten jetzt die ersten 10 Minuten. Eine erstaunliche Fülle von wechselseitigen Signalen, Interaktionen, Beobachtungen und Bewertungen finden in diesem kurzen Zeitraum statt. Begleiten wir unsere neue Führungskraft weiter. In welchem Zustand werden die beteiligten Akteure nach der ersten Begegnung sein? Die Praxis zeigt zwei Verläufe: Häufig sind sich die Beteiligten über die Bedeutung und die feine Komplexität der ersten Begegnungsphase nicht bewusst. Sie können diese dementsprechend nicht steuern. Das gewählte Verhalten folgt gelernten Mustern oder entsteht spontan. Mit hoher Wahrscheinlichkeit endet eine solche Begegnung mit allgemeinen und eher nüchternen Einschätzungen. Bestenfalls erhält der neue Chef folgende »Noten«:

»Na ja, nicht so schlecht.«
»Es gab schon Schlimmere.«
»Es ist wie immer.«
»Er kann ja auch nichts dafür.«

»Ist ja auch kein leichter Job.«
»Alles braucht seine Zeit.«
»Mal sehen.«

Umgekehrt verlässt der neue Chef mit folgenden Eindrücken die erste Begegnung:

»Alle sind etwas reserviert.«
»Kann man ja verstehen.«
»Ich muss sie wahrscheinlich mehr motivieren.«
»Wer weiß, welche Chefs sie vor mir hatten.«
»Wird schon.«

Bestenfalls. Wenn es nicht gelingt, wechselseitig die jeweiligen Scans positiv zu passieren, bleibt das Radar weiterhin in Alarmbereitschaft und Vorsicht, Abgrenzung und möglicherweise sogar Misstrauen füllen den Wahrnehmungsraum. Während der Kaffeepause hört man dann folgende Kommentare:

»Das ist mein fünfter Chef in acht Jahren.«
»Da müssen wir wohl wieder von vorne anfangen.«
»Der stellt wahrscheinlich erstmal alles auf den Kopf.«
»Er hat sich aber Mühe gegeben.«
»Er soll sich keine Mühe geben, er soll was können.«
»Wir machen einfach weiter wie bisher.«

Die Weichen für künftiges wechselseitiges Vermeiden sind damit gestellt. Die Betrachtung der ersten 10 Minuten im Führungsraum ist damit noch nicht abgeschlossen. Der wohl einflussreichste Scan-Filter bezieht sich auf eine schnelle Wahrnehmung von Ähnlichkeiten. Menschen empfinden sich wechselseitig als sympathisch, wenn sie das Gefühl haben, sie seien ähnlich [6][7]. Unterschiede hingegen führen zu vorsichtiger Distanz, Ausweichen und Vermeiden.

- Kann ich ihn leicht einschätzen oder verhält er sich mehrdeutig und unklar?
- Ist er mir ähnlich?

Worauf beziehen sich Ähnlichkeiten und Unterschiede und auf welche Weise lassen sich gefühlte Ähnlichkeiten zwischen unterschiedlichen Persönlichkeiten herstellen?

## 04
## Ähnlichkeit und Persönlichkeitstypen

Die vom Scan aufgefangenen Signale werden nach den Bedürfnissen und Wertekriterien unterschiedlicher Persönlichkeitstypen [8] gefiltert und lösen individuelle Empfindungen und Verhaltensreaktionen aus. Es lassen sich fünf fundamentale Persönlichkeitstypen unterscheiden, die es in einer Vielfalt von Kombinationen und Ausprägungen gibt. Für unsere Betrachtung reicht das Grundmodell aus. Es folgt eine schnelle Übersicht in der Reihenfolge ihrer Häufigkeit.

-------------------------------------------------------------------

[6] Joachim Bauer, Prinzip Menschlichkeit – Warum wir von Natur aus kooperieren, Hoffmann und Campe, 2006 und Psychologie heute, Oktober 2006.
[7] Stern Nr. 31 vom 28.07.2005 – Geld oder Liebe, was bei der Partnerwahl wirklich zählt
[8] Manuel Jork, Artgerechte Haltung von Menschen, BoD 2019, Seiten 34 ff.

## Beziehung
Verbundenheit, Empathie, Zugehörigkeit,
Gleichheit, Gerechtigkeit, Hilfsbereitschaft

Für Menschen mit starkem Beziehungsanteil sind Verbundensein und Zugehörigkeit in vertrauensvolle und harmonische Beziehungen wichtig. Sie achten auf gute Stimmung untereinander und geben gerne einen Vertrauensvorschuss. Gerechtigkeit ist ein hoher Wert für sie und bedeutet, dass jeder auf gleiche Weise behandelt wird. Sie können andere Menschen gut einschätzen, vertrauensvolle Verbindungen herstellen und anderen ein Gefühl von Ehrlichkeit und Verbindlichkeit vermitteln. Hierin gründet sich der Selbstwert der beziehungsorientierten Persönlichkeit. Empathie und gutes Gespür für andere wirken positiv, weil es in anderen das Gefühl erzeugt, gesehen und wahrgenommen zu werden. Dies stärkt gleichzeitig deren Selbstwert. Solche Menschen nehmen sich für andere Zeit, hören gerne zu, teilen und helfen.

## Ordnung
Denken, Kriterien, Strukturen, Argumente, Logik,
Wissen, Erfahrungen, Distanz

Für Menschen mit hohem Ordnungsanteil muss ein Vorgang plausibel und logisch durchdacht sein. Dies erfordert Kriterien und diese Kriterien müssen sich aus sachlichen Erkenntnissen und Zusammenhängen ableiten lassen. Erleben und Handeln müssen eine rationale Grundlage haben und weitgehend unbeeinflusst von Emotionen sein. Empfindungen, die auf Wissen und Erfahrung beruhen, sind dagegen gestattet. Struktur und Ordnung erleben diese

Menschen als Gerüst, das Sicherheit gibt und als Basis für äußeren Zusammenhang und inneren Zusammenhalt dient. Hierarchien sind in diesem Zusammenhang Voraussetzung für Aufbau und Entwicklung. Ebenso würdigen und bewahren ordnungsorientierte Menschen bewährte Errungenschaften der Vergangenheit, bis es ausreichend sicheres Erfahrungswissen gibt, um Neuland zu betreten. Fairness ist ein hoher Wert für sie. Dies bedeutet, dass Entscheidungen auf der Basis von vernünftigen Argumenten und eindeutigen Kriterien getroffen werden. Fairness bedeutet hingegen nicht Gleichbehandlung. Gleichbehandlung ist für sich genommen kein Kriterium, sondern eine logische Folge für den Fall, dass sämtliche relevanten Entscheidungsfaktoren tatsächlich gleichwertig sind. Da dies selten der komplexen Realität entspricht, empfindet ein Ordnungsmensch Ungleichbehandlung von Ungleichem als fair. In alledem gründet sich der Selbstwert ordnungsorientierter Persönlichkeiten. Zu erkennen ist dies gleichzeitig an ihrem korrekten Verhalten, an ihrer zurückhaltenden Höflichkeit und ihrer kontrollierten Emotionalität.

### Leistung
Ziele, Handeln, Ergebnisse, Klarheit, Direktheit, Tempo

Für leistungsorientierte Personen zählen am Ende nur die Ergebnisse. Sie sind fokussiert und schnell und wollen in aller Klarheit Dinge auf den Punkt bringen. Tempo. Handeln. Resultate. Sie erleben andere Menschen häufig als langsamer und werden deshalb schnell ungeduldig. Ehe Sie anderen mühsam und zeitraubend erklären, wie es geht, erledigen sie

Aufgaben lieber selbst. Sie reden schneller, bewegen sich schneller und essen ihr Pausenbrötchen am liebsten im Gehen. Sie können nur selten in Ruhe innehalten.

## Territorium
Ausdehnen, Einfluss, Dominanz, Macht,
Bedeutsamkeit, Anführen

Territoriale Menschen oder Machtmenschen sind die am meisten missverstandenen Menschen. Ihr Verhalten wird oft als negativ, unhöflich, abgrenzend oder dominant betrachtet. Das ist es aber nicht. Solche Persönlichkeiten nehmen Aufgabenfelder oder Positionen wie Territorien wahr. Aus ihrer Sicht gilt es, diese Territorien zu erobern, zu besetzen, zu erweitern und vor allem abzuschirmen und zu sichern. Mut, Entschlossenheit und Durchsetzungsvermögen gehören deshalb zu ihren besonders auffälligen Merkmalen. Sie haben Sinn für das Große und Ganze, für Vision und Expansion und sind bereit, Verantwortung und Führung zu übernehmen. Ihr Verhalten tendiert daher zu Größe, Abgrenzung und Dominanz. Hierin gründet der Selbstwert von machtorientierten territorialen Menschen. Andere können dies oft nicht einordnen und damit auch nicht umgehen. Sie erleben dieses Verhalten als Angriff, verteidigen sich dann sofort oder weichen aus. Das erleben Machtmenschen als Schwäche und nehmen dieses Verhalten nicht ernst. Sie suchen und schätzen ebenbürtige Menschen oder auch ebenbürtige Gegner. Wenn sie in dem anderen einen Nutzen erkennen können und er nicht gleich »umfällt«, respektieren sie ihn. Dann ist Kooperation möglich. Sonst eher nicht. Klassische Machtorientierte sind

Hausmeister, Platzwarte, Chefärzte und Parteivorsitzende.

## Innovation
Freiheit, Neues, Einzigartigkeit, Ideenreichtum, Veränderungen

Innovatoren ist wichtig, die Welt zu entdecken und Neues zu erleben. Veränderungen werden nicht nur als Chancen erlebt, sondern als Lebenselixier. Hindernisse sind nicht nur Herausforderungen, sondern sind Bestandteile der normalen Topographie der Lebenswelt von innovationsorientierten Menschen. Sie können deshalb auch nicht nachvollziehen, dass andere vor Veränderungen ausweichen oder sogar Angst empfinden. Sie brauchen Abwechslung und die ständige Erweiterung ihrer Denkgrenzen. Sie sind vielseitig und deshalb manchmal auch schillernd. Freiheit stellt einen hohen Wert dar. Hierin liegt die wesentliche Quelle ihrer persönlichen Motivation und ihres Selbstwertes. Bei der Betrachtung und Einschätzung von Situationen erkennen sie daher eher die Möglichkeiten und weniger die Risiken. Einzigartigkeit im Denken und Handeln ungehindert ausdrücken zu können, hat eine besondere Bedeutung für sie. Kreativität und Weiterentwicklung sind weitere hohe Werte. Gleichzeitig können sie Altes schnell und bedenkenlos aufgeben. Sie gehören deshalb in die Klasse der sogenannten Frühübernehmer. Das sind Menschen, die in Veränderungsprozessen als erste die Neuerungen annehmen und ausprobieren.

Alle Menschen tragen diese Persönlichkeitsanteile in sich. Manchmal steht ein einzelner Anteil besonders im Vordergrund, meistens gibt es aber Kombinationen. Am häufigsten sind Zweier-Kombinationen mit einer primären und einer sekundären Präferenz. Auf dieser Grundlage »scannen« Menschen sich wechselseitig, insbesondere in Bezug auf das Merkmal »Ähnlichkeit«.

Wir kommen an dieser Stelle zurück zu der Frage: Was erleben Führungskräfte, wenn sie den Führungsraum betreten?

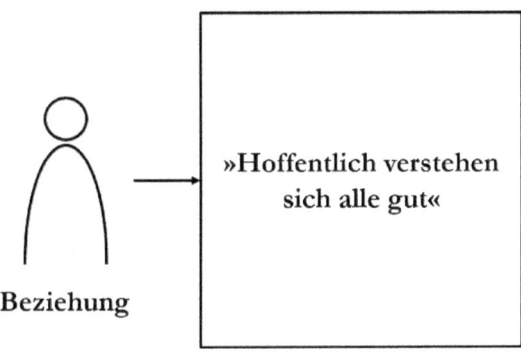

Verfügt die Führungskraft über einen stark ausgeprägten Beziehungsanteil, wird ihr inneres Radar besonders darauf achten, dass die Stimmung friedlich ist, alle präsent und aufmerksam sind, sich wechselseitig als Personen und Menschen wahrnehmen und sich mit Wertschätzung begegnen.

Werden solche Signale tatsächlich gesendet, befinden sich die Mitarbeiter also in einem harmonischen und beziehungsorientierten Zustand, entsteht ein Gefühl von Ähnlichkeit und Sicherheit; und zwar wechselseitig. Dann können sich alle Beteiligten entspannen, sich weiter austauschen und sich schließlich den leistungsrelevanten Aspekten der Zusammenarbeit zuwenden. Die Überschrift zu Teil 1 dieses Buches lautet: Die Realität. Wie realistisch ist es, dass eine neue Führungskraft, wenn sie zum ersten Mal auf ihr Team trifft, solche Signale erhält? Die Mitarbeiter ihrerseits scannen ihren neuen Chef. Das tun sie ebenfalls durch die jeweils unterschiedlichen Brillen ihrer Persönlichkeitsstrukturen, vor allem aber laufen folgende Fragen durch den Scan:

- Begegnet er mir mit Wertschätzung und Respekt?
- Ist er kompetent?
- Habe ich etwas davon?
- Kann ich mich auf ihn verlassen? Ist er morgen auch noch da?
- Hält er Druck und Belastung aus?

Eine beziehungsorientierte Führungspersönlichkeit, die sich einem solchen Scan ausgesetzt fühlt, empfindet zunächst keine vollständig friedliche, präsente und wertschätzende Atmosphäre. Sie könnte in der Folge Nervosität zeigen und beschwichtigend auftreten. Diese Ausstrahlung wiederum würde den Scan der beobachtenden Mitarbeiter erreichen, die diese Signale sehr wahrscheinlich als Schwäche fehlinterpretieren würden. So könnte innerhalb weniger Momente eine völlig unbeabsichtigte Spirale der Vorsicht, des Abwartens, der Distanz und sogar der spontanen Ablehnung in Gang gesetzt werden. Auf Distanz und Ablehnung reagiert eine beziehungsorientierte Persönlichkeit nicht instinktiv mit klarer Ansprache und interessiertem Explorieren, sondern mit Vorsicht und Zurückhaltung. Dies würde die Spirale weiter antreiben. In diesem Moment öffnet sich eine emotionale Weggabelung. Hin zu oder weg von?

Menschen ist immer etwas wichtig; etwas, das sie positiv erreichen möchten. Gleichzeitig gibt es unangenehme Dinge, die sie vermeiden wollen. Beide Motivationsrichtungen sind allseits gegenwärtig und befinden sich meistens in einem ausgewogenen Gleichgewicht. Es gibt nun Menschen, die überwiegend hin-zu-motiviert sind. Dies sind diejenigen, die für das, was sie tun, leuchten. Im Leuchten berühren sie andere und stecken sie förmlich an. Dies sind Menschen, von denen man sich inspirieren lässt, denen man spontan vertraut und mit denen man gerne zusammenarbeitet. Es gibt dagegen auch Menschen, die überwiegend weg-von-motiviert sind. Ihre Antriebskräfte richten sich auf das Vermeiden von befürchteten Risiken. Solche Menschen stecken mit ihrer Haltung und ihrem Verhalten ebenfalls an, jedoch eher in Richtung Vorsicht, Hemmung, Demotivation und Resignation. Oftmals nerven solche Menschen auch, weil sie eher bremsen als beflügeln. An dieser emotionalen Weggabelung wählen die meisten Menschen, vor allem Menschen in komplexen Führungsszenarien, den Weg der Vorsicht, des Abwartens, des Vermeidens. Beziehungsorientierte Persönlichkeiten tendieren insbesondere dazu, Konflikte zu vermeiden. Es würde ihnen deshalb schwerfallen, in einer solchen Situation eine hin-zu-orientierte Initiative zu übernehmen und die ersten 10 Minuten zu einem überraschenden und positiven Abschluss zu führen. Stattdessen ist die Wahrscheinlichkeit hoch, dass in unserem Beispiel eine eher abwartende und nüchtern-kritische Dynamik beim Betreten des Führungsraums ihren Lauf nehmen wird.

Tipp: Wer dies weiß, spricht den inneren Prozess des Gesprächspartners direkt an.

»Ich stehe jetzt hier vor Ihnen und Sie schauen mich an. Ich vermute Sie denken gerade folgendes: Was kann er? Was habe ich davon? Ist er morgen auch noch da?«

Pause – Auf Reaktionen achten. Wahrscheinlich grinsen jetzt einige. Dies wäre ein Signal der Zustimmung. »Treffer, versenkt«. Dann folgt:

»Ich kann Ihnen ansehen, dass ich damit wahrscheinlich richtig liege.«

»Dies ist auch völlig in Ordnung. Ihre Fragen sind berechtigt.«

»Und ich würde sie Ihnen auch gerne beantworten. Gemeinsam. Im Gespräch. Am besten gleich jetzt, wo wir hier so nett zusammenstehen.«

»Ist das für Sie okay?«

Betrachten wir als Nächstes ordnungsorientierte Führungspersönlichkeiten und deren Wechsel-wirkungen mit anderen.

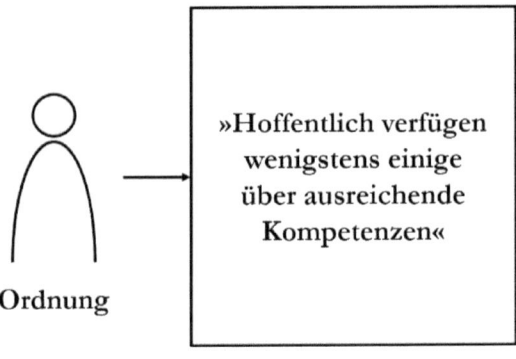

»Hoffentlich verfügen
wenigstens einige
über ausreichende
Kompetenzen«

Ordnung

Ordnungsorientierte Persönlichkeiten erwarten Sachlichkeit und Kompetenz, strukturiertes Denken und einen Sinn für Details. Wenn sie dies bei ihren Mitarbeitern vorfinden, entspannen sie sich und kommen näher. Finden sie dies nicht, bleiben sie reserviert. Sie vermeiden eher tieferen Kontakt. Auch dies spielt sich bereits in den ersten 10 Minuten ab. Hinzukommt, dass ordnungsorientierte Menschen über ein sehr detailreiches und geradezu überkritisches inneres Radar verfügen. Beim Betreten des Führungsraums, und zwar nicht nur im metaphorischen Sinn, sondern beim tatsächlichen Betreten der Arbeitsumgebung nehmen sie sofort alle Details auf: Wie sehen die Arbeitsplätze aus? Sind die Papiere geordnet? Kleben an den Rechnern Fotos von Haustieren, Urlaubsorten oder Kindern? Sind diese Bilder bereits vergilbt oder verknittert? Kaffeetassen? Kaffeeränder auf der Tischoberfläche? Sitzen oder stehen die Mitarbeiter? Schauen sie skeptisch oder freundlich? Vielleicht zu freundlich; ängstlich beschwichtigend freundlich? Oder sind sie selbstsicher, offen und zuvorkommend? Aber nicht zu selbstsicher, zu offen und zu sehr Nähe suchend. Distanzwahrend, aber nicht abgrenzend. All dies nehmen solche Persönlichkeiten spontan wahr. Manche mögen jetzt denken, dass dies ein eher sonderbares und zugespitztes Verhalten sei. Die Wahrheit ist, dass ordnungsorientierte Menschen genauso »ticken«. Dies ist manchmal Segen und Fluch gleichermaßen. Sowohl für die Person selbst, als auch für die Umwelt. Besteht darüber jedoch Gelassenheit und Transparenz, entfaltet sich diese Gabe zu einer Ressource, aus der alle Beteiligten nutzbringend schöpfen können.

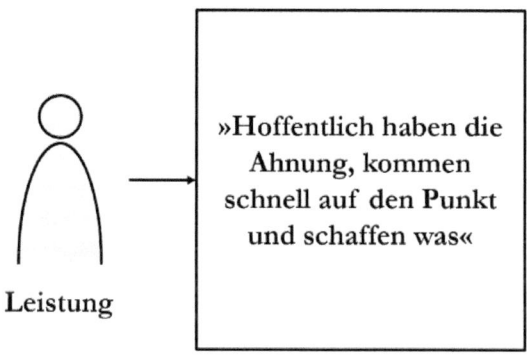

Leistungsorientierte Persönlichkeiten prüfen sofort das Tempo der anderen und ihre Zielorientierung. Ist das Tempo der anderen adäquat, entsteht Kontakt, ist das Tempo spürbar langsamer, wird der Leistungsorientierte schnell nervös und ungeduldig. Die Kontaktaufnahme wird erschwert. Er vermeidet, sich Zeit zu nehmen, um alle kennenzulernen und sich selbst kennenlernen zu lassen. Er neigt dazu, zu schnell zur Sache zu kommen und dem emotional geprägten Radar der anderen nicht die erforderliche Beachtung zu schenken. Verfügen die Interaktionspartner vorrangig über Beziehungs- und Ordnungsanteile, ziehen diese sich dann eher abwartend und weiter beobachtend zurück. Die beliebten Sätze wohlmeinender leistungsorientierter Führungskräfte an die beziehungs- und ordnungsorientierte Belegschaft, »Wir ziehen heute einen Strich. Mit dem Vergangenen beschäftigen wir uns nicht mehr. Ab jetzt schauen wir nur noch nach vorne!«, macht es in solch einer Situation nicht besser. Die Lösung liegt so nah. Sie erfordert tiefes Durchatmen und die Kraft, seine eigene Komfortzone für wenige Minuten zu erweitern:

- Hingehen
- Zeit nehmen
- Die Vergangenheit explorieren
- Das Gute darin erkennen
- Daran anknüpfen
- Den Gesprächspartner würdigen …
- … und ihn schließlich mitnehmen und in die Gegenwart begleiten.

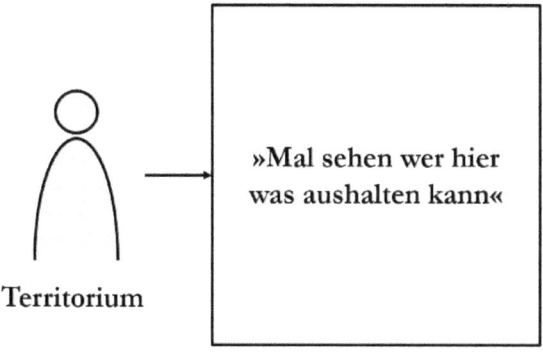

Territoriale oder machtorientierte Chefs prüfen, ob die anderen aus gleichem Holz geschnitzt sind, ob sie stabil und standhaft sind und nicht bei jedem Gegenwind umfallen. Entsprechend robust gehen sie in der Kontaktphase zur Sache. Dies führt in der Regel zu Irritationen und Ausweichbewegungen bei dem jeweiligen Gegenüber. Wer ausweicht, wird nicht als ebenbürtig bewertet und fällt durch das Raster. In der Folge wird er gemieden oder unverhältnismäßig angetrieben und unter Druck gesetzt. Sie betreten den Führungsraum ohne Zögern, füllen ihn sofort aus und lassen anderen kaum eigenen Platz. Für alle anderen ist dies ein herausfordernder Moment. Sie werden nicht angemessen wahrgenommen. Ausweichen führt nicht zu Respekt und Kooperation. Kämpfen ist in dieser frühen Phase der Begegnung ebenfalls nicht ratsam. Wie passiert man dieses dominanzgeprägte Radar erfolgreich, ohne frühe Konflikte zu erzeugen und gleichzeitig stabilen Erstkontakt herzustellen? Die Schlüssel sind Sichtbarwerden, Ähnlichkeit herstellen und das Teilen von Einflussbereichen [9].

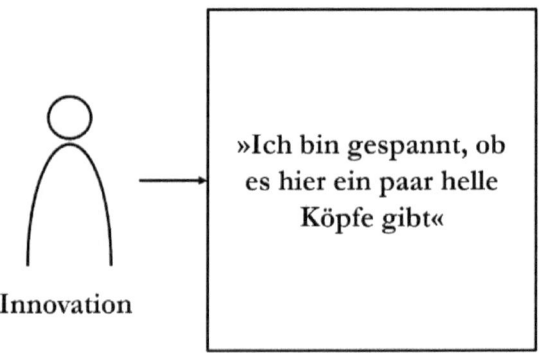

Innovation

»Ich bin gespannt, ob es hier ein paar helle Köpfe gibt«

Ein Chef mit einem signifikanten Innovationsanteil prüft die Ideenfülle seiner Mitarbeiter und deren Mut zu außergewöhnlichen Gedanken und Lösungen. Er freut sich auf Kontakt und Austausch mit Menschen, die diese Ausstrahlung haben. Im Gegenzug verliert er schnell das Interesse bei anders strukturierten Mitarbeitern. Diese können die plötzliche Ideenfülle oft nicht einordnen und deshalb nicht angemessen darauf reagieren. Sie geraten in ein Dilemma. Häufiges Nachfragen macht einen schlechten Eindruck und führt zu Ungeduld beim Chef. Nicht-Nachfragen führt zu Unwissen und Unsicherheit. Beides behindert die Beziehung und schafft Distanz. Ideenstarke Chefs tendieren in solchen Situationen dazu, andere nicht mehr in kreative Gedankenprozesse einzubeziehen. Eigene Ideen werden als unverrückbare Handlungspfade einseitig

-----------------------------------------------------------------

[9] Manuel Jork, Artgerechte Haltung von Menschen, BoD 2019, Seiten 73 ff, Rein – Ran – Raus; Seiten 206 ff, Sigi und Heinrich.

festgelegt. Hierarchien, Abgrenzungen und Rückzüge sind die Folge; erstaunlich, weil man dies im Zusammenhang mit einer ausgeprägten Innovationsorientierung nicht erwarten würde.

Das Betreten dieses imaginären Führungsraumes ist mit außerordentlich komplexen Wahrnehmungen, Erlebenszuständen und inneren Bewegungen verbunden. Dies bewusst zu steuern ist eine große Herausforderung. Instinkte übernehmen die Führung. Bewusstes Verhalten wird durch unbewusste Dynamiken abgelöst. Das Risiko nimmt zu, Pfade zu gemeinsamem Denken und Handeln bereits in der Anfangsphase der Zusammenarbeit zu verfehlen. Gerade diese Anfangsphase – auch »Forming« [10] genannt – zeigt sich hier als fragiler Moment mit weitreichenden Folgewirkungen. Strategien für die berühmten ersten 100 Tage fänden hier ihre Anwendung. Wer diese ersten 100 Tage nicht gezielt gestaltet, wird die oben genannten Spannungsfelder nicht frühzeitig auflösen können. Für die Beteiligten im Führungsraum öffnet sich wieder die Weggabelung des Ansprechens oder Ausweichens. Die Wahrscheinlichkeit nimmt zu, von einer zumindest teilweisen Vermeidens-Motivation erfasst zu werden. Ausweichen wird unvermeidbar. Vermeiden führt zu einem Vakuum. In einem Führungsvakuum entfalten sich instinktive und ungeordnete Eigendynamiken, die den jeweiligen Persönlichkeitsstrukturen der Akteure folgen.

-----------------------------------------------------------------

[10] Bruce W. Tuckman: Developmental sequence in small groups. In: Psychological Bulletin. 63, 1965, S. 384–399.

Eine Kettenreaktion setzt sich unaufhaltsam in Bewegung.

## 05
## Eigendynamiken im Vakuum

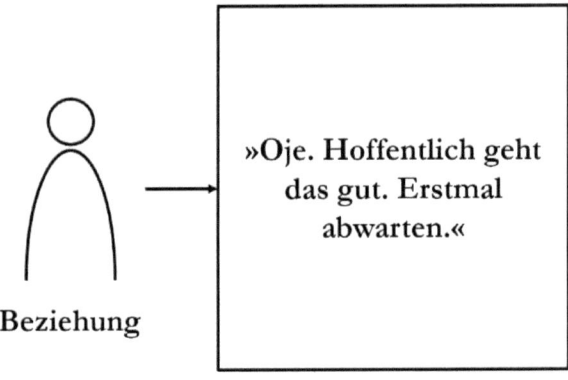

Beziehungsorientierte Menschen erleben ein Vakuum als unsicheren Ort. Sie bilden Untergruppen von Gleichgestimmten, um den gefühlten Mangel an Zusammenhalt und Sicherheit auszugleichen. Sie ergreifen jedoch nicht die Führung, sondern tendieren dazu abzuwarten und gleichzeitig in den gewohnten und vertrauten Bahnen weiterzuarbeiten.

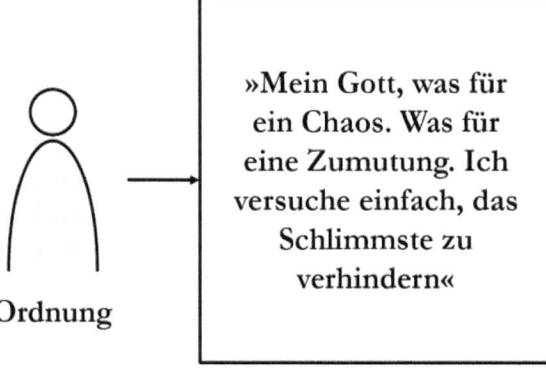

Ordnung

»Mein Gott, was für ein Chaos. Was für eine Zumutung. Ich versuche einfach, das Schlimmste zu verhindern«

Ordnungsorientierte Persönlichkeiten erleben Vakuum als Mangel an Verlässlichkeit und Verantwortungsbewusstsein seitens der vorgesetzten Ebenen. Dies empfinden sie als strukturstörendes Ärgernis und persönliche Zumutung. Auch sie übernehmen nicht die Führung – es ist ja nicht ihre Rolle –, sondern erfüllen weiterhin ihre Aufgaben, halten die Ordnung aufrecht und werden gleichzeitig zu kritischen Beobachtern. Sie dissoziieren sich partiell vom System und achten auf Fehler von anderen; sie suchen geradezu nach Fehlern. Ordnungsorientierte sind Detailmenschen. Sie sehen Dinge, die andere nicht wahrnehmen. Wenn sie sich auf Fehlersuche begeben, werden sie auch fündig. Fehler werden gesammelt und wie spitze Pfeile in einen unsichtbaren Köcher gesteckt. Diese Pfeile werden irgendwann abgeschossen und dazu genutzt, »es den anderen zu zeigen«. Niemand weiß wann und wen es treffen wird.

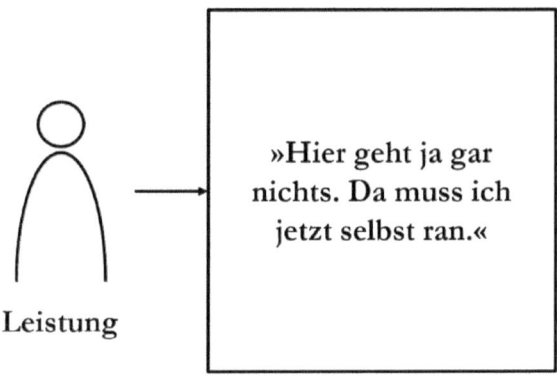

»Hier geht ja gar nichts. Da muss ich jetzt selbst ran.«

Leistung

Leistungsorientierte Mitarbeiter erleben Vakuum zunächst als freien Raum, der ihnen zur Verfügung steht. Gleichzeitig fehlen ihnen Leitplanken, innerhalb derer sie mit Tempo und sicherem Zielfokus auf die gewünschten Resultate zusteuern können. Die zunehmend ungeordneten Eigendynamiken im System empfinden sie als Behinderung ihres eigenen Leistungsdrangs; Verlangsamung droht, Ungeduld setzt ein. Ziele werden mehr und mehr eigenständig und von anderen abgekoppelt verfolgt. Sind die bis zu diesem Zeitpunkt vereinbarten offiziellen Ziele erreicht und gibt es keine weitere fokussierende Führung, setzt sich der Leistungsmensch eigene neue Ziele. Dies sind jedoch selbsterdachte Ziele, die häufig den betrieblichen Kontext überschreiten und die im ungünstigsten Fall niemand benötigt oder die keine allgemeingültige Priorität haben.

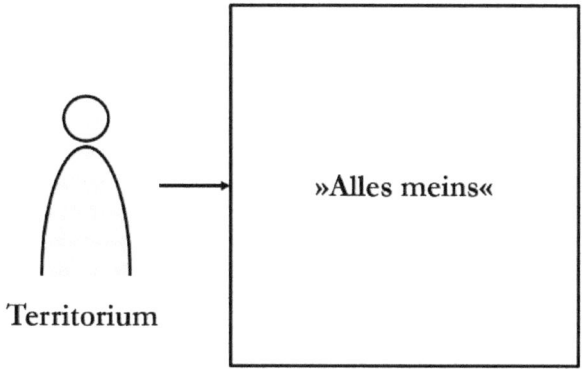

**»Alles meins«**

Territorium

Territoriale- oder machtorientierte Persönlichkeiten spüren instinktiv jedes Machtvakuum und übernehmen den freien Raum sofort, ohne Zögern. Dies führt jedoch nicht zu einer gestalteten Führung des Systems. Hierfür fehlt die offizielle Legitimation. Dieses Vorgehen vergrößert einzig die Unordnung. Territoriale Personen komplizieren das Geschehen zusätzlich, indem sie Bündnisse schmieden; nicht-legitimierte, informelle Allianzen. Leistungsorientierte Kollegen werden aufgrund ihrer Zielfokussierung und ihres Tempos hierbei als nützlich betrachtet und bevorzugt einbezogen. Das Ungleichgewicht und die Unordnung im System nehmen weiter zu. Der Machtorientierte begegnet dieser Entwicklung mit weiterer Abgrenzung, Wagenburgen werden gebaut, Verteidigungsstrategien entwickelt. Für die aktuelle oder eine künftige Führungskraft wird es zunehmend schwieriger, diese Eigendynamiken wieder in die richtigen Bahnen zu lenken. Siehe Sigi und Heinrich.

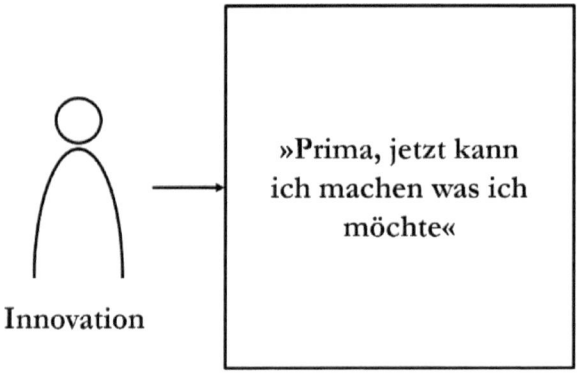

Innovation

Innovatoren freuen sich über den Freiraum. Ihre Ideen können sich frei entfalten. Allerdings drohen hier Chaos und Verschwendung von Zeit und Ressourcen. Eine strukturierte, planvolle und bis zum Ende durchgehaltene Umsetzung von Projekten wird eher unwahrscheinlich. Sollten Kollegen oder informelle Führer versuchen, hier ordnend einzuwirken, würde der Innovator dies als nicht-legitimierte Einmischung und Begrenzung empfinden. Er würde sich wehren und seine frisch gewonnene Freiheit verteidigen.

Menschen im Führungsraum ringen stets um Einflusszonen, ob bewusst oder unbewusst, intensiver oder zurückhaltender. Jedes individuelle Verhalten führt zu einer instinktiven Umverteilung dieser Einflussmacht. Es kommt eine Dynamik in Gang, in deren Verlauf die Beteiligten in mentale und emotionale Strömungen geraten, die Erfolg oder Misserfolg gemeinsamen Handelns entscheidend beeinflussen. Jeden Tag aufs Neue. Nach einer Weile sind die Zusammenhänge selbst für Insider kaum noch erkennbar. »Wir machen das schon immer so«, wird dann als unschuldige Erklärung herangezogen. Niemand traut sich mehr, diesen Satz zu sagen. Gleichzeitig drückt er das kognitive Dilemma in komplexen Systemen treffend aus. An dieser Stelle ist Führung wertvoll und wird es auch immer bleiben. Können Führungskräfte dies alles überhaupt perfekt leisten? Kommen wir zurück zu dem Zitat von Arnold Schwarzenegger. Seine Antwort würde vermutlich lauten: Nein. Niemand ist in der Lage, diese Komplexität in aller Klarheit ständig zu durchschauen. Niemand ist in der Lage, darauf mit der erforderlichen Verhaltensvariabilität einzuwirken. Niemand kann das allein. Die Komplexität ist zu hoch. Wir können dies nur gemeinsam; durch Co-Kreation und Kooperation. Worüber sich Menschen in Unternehmen und Organisationen bereits freuen würden, wäre das ernsthafte Bemühen diesem Ideal näher zu kommen.

Markus Lüpertz, der sogenannte Malerfürst, wurde einmal gefragt wann ein Bild fertig sei? »Fertig ist es« antwortete er, »wenn die Unfähigkeit der Vollendung perfekt formuliert ist« [11]. Begnügen wir uns mit der Feststellung, dass bereits der wohlwollende Versuch, Führungsaufgaben zu erfüllen, die Interaktionen von Menschen positiv beflügelt und die Umsetzung von Strategien überhaupt erst möglich macht. Versuchen wir im Folgenden die Unfähigkeit der Vollendung so perfekt wie möglich zu formulieren.

------------------------------------------------------------------

[11] Markus Lüpertz im Interview mit dem Handelsblatt vom 2./3./4.10.2015, Nr. 190, Seite 68

**Teil 2**
**Starke Strategien**

Matthias Zachert, dessen Interview im Handelsblatt wir unseren ersten Leitgedanken entlehnt haben, spricht mit einer gewissen Selbstverständlichkeit von starken Strategien. Jeder Unternehmenslenker sucht danach. Wettbewerber tun dies jedoch auch. Das macht die Sache zu einer ständigen Herausforderung. Was sind die qualitativen Merkmale starker Strategien?

**06**
**Indiana Jones**

»Auf dem Höhepunkt des Films ‚Indiana Jones und der letzte Kreuzzug' treffen Indiana Jones, sein Vater und die Nazis am Heiligen Gral zusammen [12]. Die beiden Jones weigern sich, den Nazis dabei zu helfen, die letzte Stufe zu erreichen, doch die Nazis schießen Indianas Vater nieder. Nur die Heilkraft des Heiligen Grals kann den schwer verwundeten Dr. Jones noch retten. Indiana führt die Gruppe nun doch zum Gral,

-------------------------------------------------------------------

[12] Dixit/Nalebuff, Spieltheorie für Einsteiger, Schaeffer-Poeschel, 1997, Seite 60

aber es gibt ein letztes Hindernis: Er muss sich zwischen einer Unzahl von Kelchen entscheiden, von denen nur einer die Schale Christi ist. Die richtige Schale bringt ewiges Leben, eine falsche Wahl ist tödlich. Der Nazi-Führer ist ungeduldig. Er wählt einen schönen goldenen Kelch, trinkt das heilige Wasser und stirbt auf der Stelle. Indiana wählt einen hölzernen Kelch, die Schale eines Zimmermanns.

,Es gibt nur einen Weg, es herauszufinden!' ruft er aus, taucht die Schale in die Quelle und trinkt in der Hoffnung, dass es die Schale des Lebens sei. Als er merkt, dass er richtig gewählt hat, bringt er die Schale zu seinem Vater und das Wasser heilt die tödliche Wunde.

Diese Szene ist sicherlich sehr aufregend. Trotzdem finden wir es etwas peinlich, dass ein so herausragender Professor wie Dr. Indiana Jones sich hier so ungeschickt verhält. Unsere Kritik lässt sich am besten mit der Idee der dominanten (starken) Strategie erläutern.

**Ein Spieler hat eine solche dominante Strategie, wenn es eine Abfolge von Handlungen gibt, die besser ist als alle anderen Möglichkeiten, ganz unabhängig davon, was die anderen Spieler tun.**

Wenn ein Spieler eine solche Strategie besitzt, wird seine Entscheidung sehr einfach. Er wählt sie und macht sich keine weiteren Gedanken über die Züge seiner Rivalen. Eine dominante Strategie ist deshalb das erste, wonach man suchen sollte.

Wie hätte sich Indiana Jones also verhalten sollen? Er hätte das Wasser seinem Vater geben sollen, ohne es vorher zu probieren. Denn wenn er die richtige Schale wählt, ist der Vater immer noch gerettet. Wählt er die falsche Schale, dann stirbt der Vater, aber Indiana überlebt. Dagegen hilft es überhaupt nicht weiter, wenn Indiana aus der Schale probiert, ehe er sie weiterreicht. Wenn er nämlich falsch gewählt hat, dann gibt es keine zweite Chance: Indiana stirbt am Wasser und sein Vater an seiner Verletzung.«

Es wird stets das Ziel sein, solch starke Strategien zu finden. Es ist jedoch nahezu aussichtslos, weil die Wettbewerber genau das Gleiche tun und weil sich die Rahmenbedingungen so schnell ändern, dass eine Strategie, die heute stark ist, morgen schon obsolet sein kann. Vielleicht muss man auch mittelstarke Strategien nutzen und dann mit vereinten Kräften für deren reibungslose Umsetzung und im Notfall für eine ebenso reibungslose Anpassung sorgen. Hier bewegen wir uns auf dem Feld der Agilität. Agilität entscheidet sich an den Schnittstellen. Hier schließt sich der Kreis.

## 07
## Der blaue Ozean

Die Suche nach starken Strategien müssen wir aber nicht aufgeben. Es gibt eine kreative Methode, die wir kurz betrachten wollen – der blaue Ozean [13].

------------------------------------------------------------------

[13] Chan Kim/Mauborgne, Der Blaue Ozean als Strategie, Hanser 2005

Blaue Ozeane sind neue Märkte, in denen es noch keine Überkapazitäten und preisbrechende Wettbewerber gibt. Dabei stehen Nutzeninnovationen für die Zielgruppen im Mittelpunkt. Die Strategie zur Eroberung blauer Ozeane besteht im Wesentlichen aus den folgenden Elementen:

- Schaffung neuer Märkte
- Der Konkurrenz ausweichen
- Neue Nachfrage erschließen
- Aushebelung des direkten Zusammenhangs zwischen Nutzen und Kosten
- Ausrichtung des Gesamtsystems der Unternehmensaktivitäten auf Differenzierung und niedrige Kosten.

Ein wirksames Werkzeug zur Entwicklung einer solchen Strategie ist die sogenannte Nutzenkurve. Sie soll

- den Fokus auf wenige wiedererkennbare Faktoren lenken,
- Divergenz erzeugen, also nicht den Versuch unternehmen, mit der Konkurrenz mitzuhalten, sondern sich deutlich zu unterscheiden,
- und dies mit einem überzeugenden Slogan vermitteln.

Ein Beispiel: Ein Snack-Produzent sucht nach einer Innovation, die sich von den Wettbewerbern abheben soll. Als Zielgruppe werden Schulkinder gewählt. Ein stark zuckerhaltiges Produkt des Wettbewerbs dient als Orientierungsrahmen.

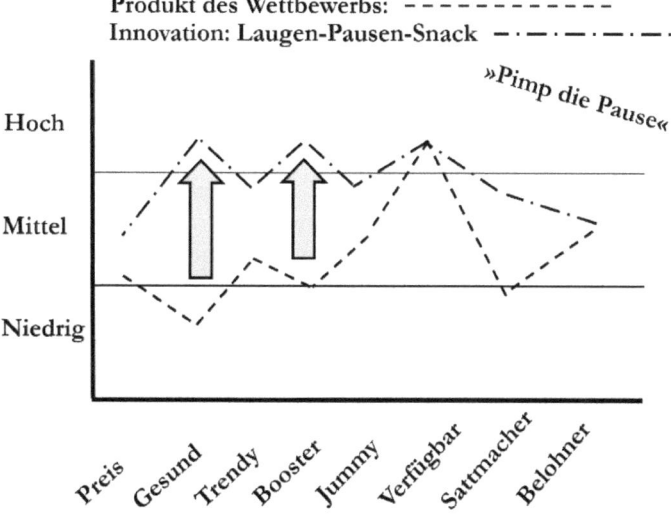

Der Snack-Produzent hat zunächst eine »strategische Kontur« erstellt. Dazu hat er relevante Kriterien ausgewählt und auf einer einfachen Bewertungsskala [Niedrig, Mittel, Hoch] eingeordnet. Das stark zuckerhaltige Wettbewerbsprodukt wird somit in seiner strategischen Kontur als niedrigpreisiger, ungesunder, gut verfügbarer »Belohner« sichtbar. Ein ähnliches Produkt zu entwickeln, wäre ein »Mehr vom Gleichen« in einem »roten Ozean«. Innovationen differenzieren sich dagegen durch neue und eigenständige Konturen. Die einzelnen relevanten Produktkriterien werden zu einer sogenannten Nutzenkurve verbunden und machen diese Differenzierung sichtbar. Der Fokus des neuen Produkts richtet sich auf Pausensnacks für Kinder und Jugendliche in der Schule und auf die

Kriterien »Gesund« und »Booster«. Den Unterschied zu Wettbewerbsprodukten machen hochwertigere und energetisierende Zutaten. Mit einem passendenden Slogan lässt sich dieses Produkt nun positionieren. Dies ist ein Beispiel für die gezielte Suche nach speziellen Zielgruppen, Divergenz und Nutzenorientierung auf der Grundlage bereits vorhandener Marktpräsenz und Produktionsmittel. Mit dieser Strategie können nun Produktentwicklung und Marketing fokussiert in Aktion treten.

Die schnelle und effektive Umsetzung möglichst starker Strategien ist der Leitgedanke jeden unternehmerischen Handelns. Dies ist ein komplexer Vorgang, der nur durch vorbehaltlose Kooperation zwischen Experten und Führungskräften über Abteilungsgrenzen hinweg erfolgreich gelingen kann. Wie schnell Begegnungen zwischen unterschiedlichen Persönlichkeiten zu einem Vermeiden, Ausweichen, zu Vakuum und emotionalen Stördynamiken führen kann, haben wir in Teil 1 gesehen. Teil 2 hat gezeigt, dass starke Strategien nicht leicht zu finden und vor allem selten dauerhaft sind. Umso mehr ist Schnelligkeit bei Umsetzung und Anpassung erforderlich. In Teil 3 möchten wir die Wahrnehmung für die Ursachen der Strategie-Umsetzungs-Blocker-Kettenreaktion schärfen.

## Teil 3
## Schnelle Umsetzung

Starke Strategien und schnelle Umsetzung sind eng miteinander verbunden. Das eine greift stets ins andere. Besitzt man nur eine mittelstarke Strategie, kommt es erst recht auf schnelle Umsetzung an, um ohne Verzögerungen notwendige Anpassungen frühzeitig erkennen und vornehmen zu können. Gemeinsames Denken und Handeln wird noch bedeutsamer. Die häufigsten Verhinderungsgründe haben wir oben erörtert. Zwei weitere erschwerende Faktoren kommen jedoch auf diesem Weg hinzu:

Die Vorliebe unseres Gehirns für lineares Denken und die Schwierigkeit, Komplexität zu steuern.

## 08
## Klauer und das Denken

Karl Josef Klauer ist ein eher unbekannter Volks- und Sonderschullehrer und Psychologe. Er hat zu dem Thema Denkstrategien geforscht und die Fachdisziplin Pädagogische Psychologie um folgende Erkenntnisse bereichert [14]. Unser Gehirn unterscheidet zwischen merkmal- und relations-orientiertem Denken. Es ist dazu befähigt, beide

Denkoperationen auszuführen. Instinktiv präferiert es jedoch diejenige, die weniger Energie verbraucht. Die energiesparende Variante ist das merkmalorientierte Denken. Mit dieser Denkoperation können wir Komplexität nur teilweise erfassen. Hierfür benötigen wir das relationale Denken. Dies müssen wir bewusst »hinzuschalten«. Gelingt uns dies nicht, scheitern wir an der Bewältigung komplexer Sachverhalte. Die Umsetzung von Strategien gerät in ein kritisches Stadium. Klauer hat hierfür folgendes Schaubild entworfen:

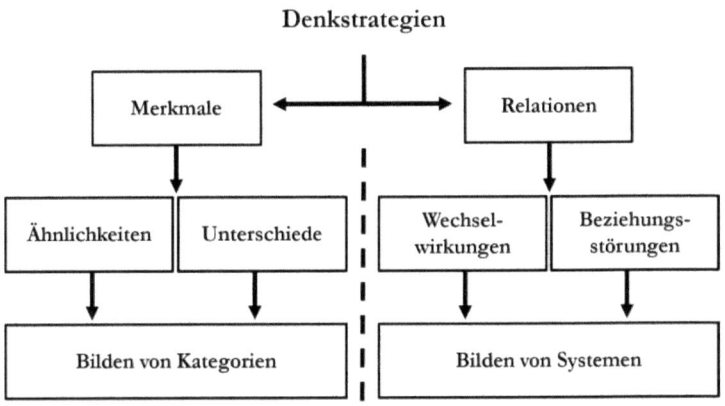

[14] Klauer, K.J.: Denktraining für Kinder II - ein Programm zur intellektuellen Förderung - Handanweisung. Hogrefe Verlag für Psychologie Göttingen - Toronto - Zürich 1991.

Für die Wahrnehmung von Merkmalen, Ähnlichkeiten und Unterschieden gibt es ein schönes Beispiel. Menschen unterscheiden sich unter anderem durch ihre Präferenzen für Ähnlichkeiten und Unterschiede. Sie haben dies bestimmt schon einmal erlebt. Ein Ehepaar betritt ein Hotel. Der Mann sagt spontan: »Das sieht hier genauso aus wie in Bangkok.« Präferenz Ähnlichkeit. Seine Frau dagegen sagt: »Ja, aber guck doch mal, die Ornamente an den Wänden und Möbeln sind völlig anders.« Präferenz Unterschiede. Er: »Na, so anders sind sie jetzt auch nicht. Sieht doch alles gleich aus in Asien.« Ähnlichkeit. Oder besser gesagt: kein ausgeprägter Sinn für feine Unterschiede. Sie: »Für dich ist immer alles gleich. Schau doch mal genau hin.« Unterschiede.

Die Präferenzen für Ähnlichkeiten und Unterschiede können sogar noch feiner miteinander verknüpft vorkommen.

1] Ähnlichkeiten – Ähnlichkeiten

Es gibt Menschen, die gehen gerne in das gleiche Restaurant und bestellen auch immer das gleiche.

»Hallo Karl, wie immer?«
»Ja, wie immer.«

2] Ähnlichkeiten – Unterschiede

Es gibt Menschen, die gehen immer ins gleiche Restaurant, bestellen aber immer etwas anderes.

»Hallo Karl, wie immer?«
»Nee, heute mal nicht. Ich brauche mal eine

Abwechslung. Was hast du denn heute auf der Tageskarte?«

## 3] Unterschiede – Ähnlichkeiten

Dies sind Restaurantbesucher, die immer wieder neue Restaurants ausprobieren, dort jedoch immer das gleiche essen. »Spaghetti Carbonara – getestet in 100 Restaurants.«

## 4] Unterschiede – Unterschiede

Dies sind Menschen, die ständig neue Restaurants ausprobieren und dort auch immer etwas anderes essen.

Für unser Gehirn ist das Erkennen von Merkmalen, Ähnlichkeiten und Unterschieden einfacher, als das Erfassen komplexer systemischer Wechselwirkungen. Es erfordert deshalb zusätzliche bewusste Anstrengungen, komplexe Szenarien wahrzunehmen, einzuordnen und darauf angemessen zu reagieren. Prüfen Sie es selbst. Lösen Sie folgende Aufgaben.

Zunächst: Führen Sie die Reihen fort.

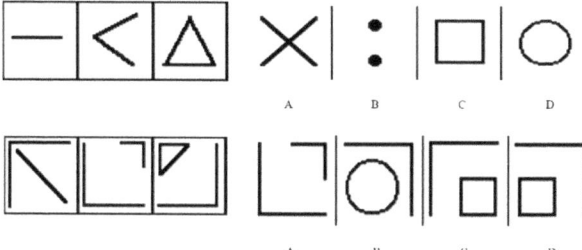

Dies sind relativ leichte Intelligenztest-Aufgaben, die Sie mit Sicherheit schnell und richtig lösen können. Merkmalorientiertes Denken. C und D sind die richtigen Antworten.

Eine Sokoban-Aufgabe des ersten Levels können Sie nicht mehr so schnell im Kopf lösen, wenn überhaupt. Relationales Denken. Sie müssen versuchen, mit Hilfe des Schiebesteins die Sokoban-Steine in die Leerfelder zu schieben, wobei der obere Sokoban-Stein bereits auf einem Leerfeld steht. Ihr Gehirn wird sich gleich beschweren.

Schiebestein  Sokoban-Steine  Leerfelder

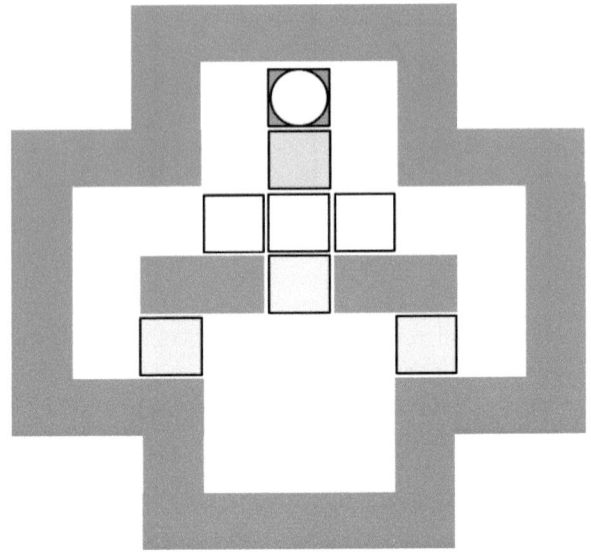

Daher präferiert unser Gehirn merkmal-orientiertes Denken. Geschickte Verkäufer nutzen dies aus. Wenn Sie wissen wollen, wie professionelles Verkaufen funktioniert, schauen Sie sich eine Werbesendung bei QVC oder HSE24 an. Sie werden folgendes Muster erkennen:

Merkmal – Nutzen – Testimonial – Abschlussfrage.

In diesen Sendungen werden die Merkmale der Produkte auf extreme Weise hervorgehoben, jedes Mal mit einem Nutzen verknüpft und solange wiederholt, bis in unserem Gehirn ein Kaufwunsch entsteht. Dies dauert je nach Persönlichkeitstyp und

Tageszeit 15 - 20 Minuten. Kurz vorher sollten Sie umschalten.

Wir fassen zusammen: Unser Gehirn präferiert einfache Lösungen, Komplexitäten versucht es hingegen zu vermeiden. Ihnen muss das nicht peinlich sein. Sie können nichts dafür. Es ist Ihr Gehirn.

Bekannt ist diese Tatsache schon lange, nämlich seit 1989. Damals wurden die Studien von Professor Dietrich Dörner zum strategischen Denken in komplexen Situationen veröffentlicht [15].

## 09
## Dörner und das Scheitern

In seinen berühmten Experimenten ließ er positiv motivierte Probanden komplexe Szenarien über simulierte Zeitabläufe gestalten und beeinflussen. Ziel war es immer, die Szenarien – simulierte Städte, Dörfer, Lebensgemeinschaften – zu fördern und weiterzuentwickeln. In seiner »Tanaland«-Simulation sollte das Wohlergehen der Einwohner eines Gebietes in Ostafrika sichergestellt werden. Die Probanden konnten folgende Faktoren beeinflussen: Düngemittel, Bewässerung, Elektrizitätsversorgung, Traktoren, Geburtenkontrolle und medizinische Versorgung. Untersucht wurde das Entscheidungsverhalten der Probanden unter Komplexität und Zeitdruck. Im Ergebnis führten die angewendeten

------------------------------------------------------------

[15] Dietrich Dörner, Die Logik des Misslingens, rororo 13. Auflage 2015.

Strategien und Entscheidungen in etwa 80 % der Fälle unbeabsichtigt zum Untergang. Die Probanden konnten mit der Komplexität der Szenarien nicht strukturiert und kontrolliert umgehen. Vermutlich können das nur wenige. Dörner beschreibt dies wie folgt:

»Ein Akteur in einer komplexen Handlungssituation gleicht einem Schachspieler, der mit einem Schachspiel spielen muss, welches sehr viele Figuren aufweist, die mit Gummifäden aneinander hängen, so dass es ihm unmöglich ist, nur eine Figur zu bewegen, ohne dass die anderen sich mitbewegen. Außerdem bewegen sich seine und des Gegners Figuren auch von alleine, nach Regeln, die er nicht genau kennt oder über die er falsche Annahmen hat. Und obendrein befindet sich ein Teil der eigenen und der fremden Figuren im Nebel und ist nicht oder nur ungenau zu erkennen« [Seite 66].

Führungskräfte und Entscheider befinden sich fast ständig in einer solchen Lage. Sie reagieren darauf jedoch nicht mit logisch abgestimmtem Verhalten oder verschaffen sich Expertenrat, sondern reagieren stressbedingt instinktiv. Dörner nennt das »Ballistisches Verhalten«. Sie schießen Kugeln ab und kümmern sich nicht darum wo sie einschlagen. Aufgrund zeitverzögerter Prozesse werden die Einschläge entsprechend verspätet erlebt und dann nicht mehr in ihrer Kausalität erkannt. Oder man will diesen Zusammenhang nicht mehr erkennen. Dörner merkt an: »Wenn ich die Folgen meiner eigenen Handlungen gar nicht erst zur Kenntnis nehme, so bleibt mir die Kompetenzillusion erhalten« [Seite 269].

Zu Beginn der Simulation wurden von den Probanden in genügendem Maße Fragen gestellt, Auswirkungen reflektiert und Entscheidungen getroffen. Im weiteren Verlauf des Handlungsprozesses nahmen Fragen und Reflexionen ab und Entscheidungen zu. Die Versuchspersonen glauben bereits nach kurzer Reflexion über die Situation und kurzer Informationssammlung, ein genaues Bild zu haben, welches keiner Korrektur durch weitere Informationssammlungen mehr bedarf. Entscheidungen werden nunmehr getroffen, ohne die Rahmenbedingungen weiter zu hinterfragen. Selbst dann nicht, wenn durch die Entscheidungen die Bedingungen fortlaufend verändert werden.

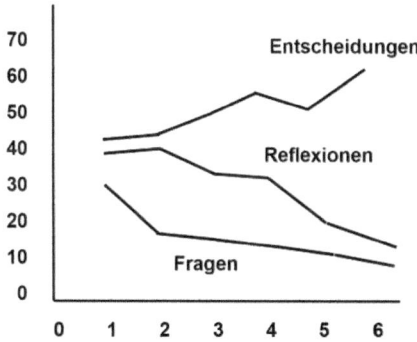

Die nicht erfolgreichen Probanden reagierten auf hohen Zeitdruck mit Informationsverweigerung und Aktionismus, wohingegen sie auf geringen Zeitdruck mit übermäßiger Informationssammlung, einer sich daraus verstärkenden Unsicherheit, weiterer Informationssammlung und Entscheidungs-vermeidung reagierten. Unter Belastung sammelten sie entweder Informationen im Übermaß oder sie stürzten in Aktionismus. Dadurch steuerten sie die Simulation bereits nach wenigen Runden in eine Krise.

Darauf reagierten sie mit Überdosierung ihres Handelns …

**Variabilität der Dosierung**

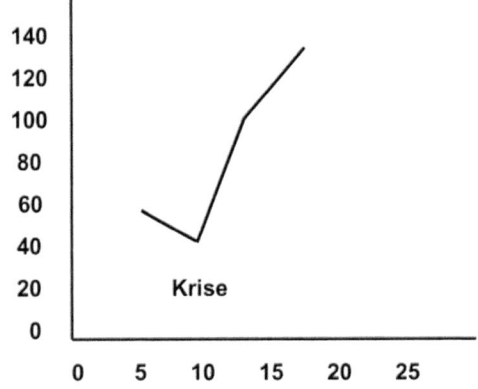

… mit Verlust der Kontrolle …

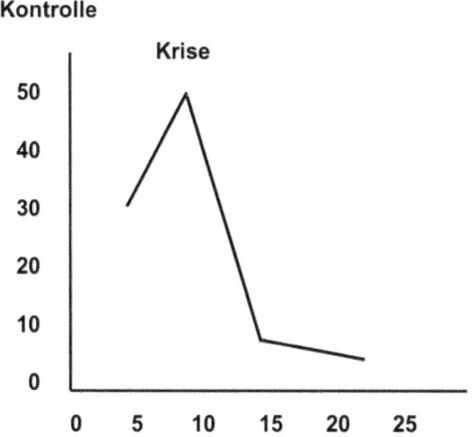

… und einem Verlust an moralischen Standards.

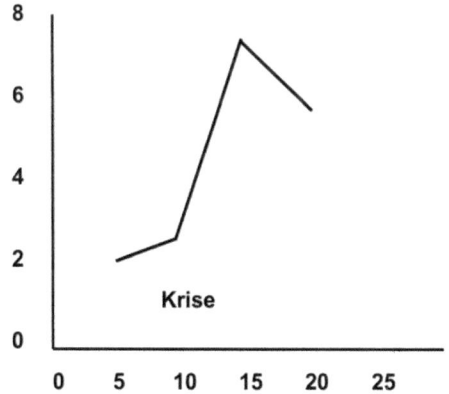

Im Einzelnen beschreibt Dörner die Verhaltensweisen der scheiternden Probanden wie folgt:

## 1. Ballistisches Verhalten

Die Kontrolle, d.h. die Frage, »Was ist der Effekt meiner Maßnahmen?«, erfolgt im Durchschnitt nur in 30 % der Entscheidungen. In Krisensituationen sinkt diese Quote sogar weiter ab. Es werden also Kugeln abgeschossen, ohne sich weiter darum zu kümmern, wo sie einschlagen. Damit werden die negativen Konsequenzen des eigenen Handelns getilgt.

Sofern die Konfrontation mit dem eigenen Handeln nicht zu vermeiden ist, sind folgende Strategien häufig zu beobachten:

## 2. Fremdattribuieren

- Die Umstände sind schuld
- Der Versuchsleiter ist hinterlistig
- Ich habe die besten Absichten gehabt, dennoch hat es nicht geklappt, also muss ein anderer daran schuld sein.

## 3. Überdosieren von Maßnahmen

Die Spannbreite der Dosierung von Maßnahmen nimmt in Krisensituationen zu. Dies unterstützt die These, dass eine höhere Dosierung von Maßnahmen in immer unbestimmter werdenden Situationen die Illusion der Handlungskompetenz aufrechterhält. »Illusion« deshalb, weil eine höhere Dosierung nur eine Lösung erster Ordnung ist [»Mehr vom

Gleichen«] und deshalb nicht geeignet ist, auf den Einfluss zusätzlicher Variablen zu reagieren. Hierzu zählt auch das Überregulieren bei zeitverzögerten Effekten [E-Herdplatte, Dusche, usw.].

## 4. Hypothesen bilden

- Magische Hypothesen: Übergeneralisierung lokaler Erfahrungen. »23 ist eine gute Zahl«. Einzelne Zahlen sind nicht mehr Punkte auf einer logischen Skala, sondern werden individualisiert und mit einer magischen Macht begabt. US-Präsident Trump veröffentlichte zwei Wochen vor Ostern 2020 ein milliardenschweres Corona-Hilfspaket und erklärte, dass »das Land zu Ostern wieder geöffnet werden solle«. Auf die Reporterfrage, warum denn gerade schon zu Ostern, antwortete er: »Ostern ist einfach ein schöner Zeitpunkt.« Dies ist einfach ein schönes Beispiel für das Bilden von magischen Hypothesen.

- Reduktive Zusammenhangshypothesen: Dabei wird das Gesamtgeflecht der Beeinflussungen durch verschiedene Variable auf einen einzigen Punkt reduziert. Erkennt man zum Beispiel durch eine Mitarbeiterbefragung deren Unzufriedenheit über die Informationspolitik des Hauses, könnte man dies näher explorieren und sich vielleicht Gedanken über die Führungskultur machen oder auch einfach nur zu dem Schluss kommen: »Wir brauchen eine neue Mitarbeiterzeitung. Am besten eine App.« Wie beim Roulette: Man setzt alles auf eine Farbe.

## 5. Übergeneralisieren

Man schließt von Vorerfahrungen auf neue Situationen, ohne die Parameter auf relevante Unterschiede und Abweichungen genauer zu untersuchen [16]. In der Wissenschaft wird dies »Similarity Matching« genannt. Man folgt eher dem vertrauten Gefühl der Ähnlichkeit, als nach relevanten aber unbequemen Unterschieden zu suchen. Fälle werden dadurch außerhalb ihrer Bedingungen und kontextuellen Abhängigkeiten abstrahiert. Dies nennt man »Dekonditionalisierung«. In komplexen Situationen gibt es aber wenige allgemeine und bedingungsfreie Regeln. Jede Situation muss neu bedacht werden.

## 6. Strukturextrapolationen

Ähnliches wie für das Übergeneralisieren gilt auch für Strukturextrapolationen. Bei der Weiterentwicklung von Produkten werden strukturelle Formate beibehalten, auch wenn sie keinen Sinn mehr ergeben. Die ersten Autos sahen aus wie Kutschen ohne Pferde. Der erste Nespresso Kapselhalter sah aus wie ein echter Espresso Kaffeebehälter. Wählt man diesen Weg, um Kunden den Übergang in neue Produktwelten zu erleichtern, ist dies gewiss eine

--------------------------------------------------------------

[16] Eine nette Geschichte liefert die Primzahlenforschung. Pierre de Fermat hat im 17. Jahrhundert die Primzahlenformel entdeckt: $Fn = 2^2n + 1$ und in vier Fällen geprüft. Danach ging die »Community« der Mathematiker von der Verlässlichkeit dieser Formel aus. Bis Leonhard Euler kam. Er zeigte 1732, dass F 5 keine Primzahl ist.

kluge Strategie. Verfolgt man dies aber nicht mit dem klaren Blick auf die Zielgruppenbedürfnisse, zeugt dies nur von den Grenzen der eigenen Innovationskraft. Die Vorstellung des Cybertrucks von Tesla im Jahr 2019 bewegt sich genau in diesem Spannungsfeld.

## 7. Gerutschte Übergänge

Sich ablenken lassen – Häufiger Wechsel der Handlungsfelder als Verhaltensinstabilität. Man schlägt morgens im Büro eine Akte auf, dann klingelt das Telefon, dann kommt ein Kollege zur Tür herein, dann ruft der Chef wegen einer dringenden Angelegenheit an, und am Abend sitzt man immer noch vor der geöffneten und unbearbeiteten Akte.

## 8. Verlagerndes Delegieren

Loswerden von Verantwortung, Suche nach Sünden-böcken, Klammeraffen machen die Runde.

## 9. Stereotype Repetition

Tun was man schon getan hat, als Ausdruck der Hilflosigkeit, Mehr vom Gleichen, z.B. Fahrstuhlknopf mehrmals und fester drücken.

Wir können diese Auflistung auch positiv wenden und verfügen damit über eine Checkliste für das Management komplexer Szenarien.

- [ ] Stets von Neuem die Fakten checken

- [ ] Auf der Grundlage von relevanten Kriterien entscheiden

- [ ] Die Auswirkungen der Entscheidungen kritisch nachverfolgen

- [ ] Vor weiteren Entscheidungen Veränderungen der Rahmenbedingungen explorieren

- [ ] Neue Entscheidungskriterien hinzufügen

- [ ] Stets in Alternativen denken – Mehr vom Gleichen vermeiden

- [ ] Niemals generalisieren

- [ ] Dosieren des Handelns kritisch prüfen

- [ ] Verantwortungen bei den Zuständigen belassen

- [ ] Fokussiert auf Kurs bleiben

Am besten tun Sie dies nicht allein, sondern machen diese Zusammenhänge für Ihre Mitarbeiter transparent und lassen alle daran teilhaben. Nutzen Sie die kollektive Intelligenz. Machen Sie dies zu einer Routine in jedem Team-Meeting. Auf diese Weise beugen Sie der drohenden Kettenreaktion vor. Im Gegenteil: Sie erzeugen eine positive Kettenreaktion von gemeinsamem Denken, gemeinsamer Lösungssuche, gemeinsamem Vermeiden von

Denkfehlern, sicheren und fundierten Entscheidungen und variablem Handeln. Sie erzeugen damit
einen Kreislauf sich selbst verstärkender
eigenverantwortlicher Kooperation.

## 10
## Die exponentielle Zunahme von Interaktionen in wachsenden Unternehmen

Eine weitere Tick-Box auf unserer Checkliste ist für
alle Start-Ups bedeutsam. Innovativ und mutig
erobern sie den Markt, stellen Mitarbeiter ein und
freuen sich über ihr Wachstum. Zunächst sind es
vielleicht nur 10 Mitarbeiter, dann werden es schnell
20, 30, 50. Bei 100 wird gefeiert. 100 ist eine
»magische Zahl« [siehe oben 4. Hypothesen bilden].
Und so groß ist der Unterschied zwischen 50 und 100
ja auch nicht.

ACHTUNG: Die Anzahl der Interaktionen
zwischen den beteiligten Mitarbeitern wächst
exponentiell. Die Komplexität nimmt zu.
Kontrollmöglichkeiten nehmen dramatisch ab.
Betrachten wir nur die Zweier-Beziehungen.

10 Personen weisen 45 mögliche Zweier-
Beziehungen auf.

$$\frac{X^2 - X}{2} = \text{Anzahl Z}$$

Bei 20 Personen sind dies bereits 190 mögliche
Zweier-Beziehungen. Bei 50 greifen wir zum

Taschenrechner: 1.225. Und 100: 4.950. Den Eintritt des 100sten Mitarbeiters darf man natürlich feiern. Danach sollte man aber rechnen und Organisation und Rollen neu ausrichten.

## 11
### Der Ablauf der Kettenreaktion

[1] Alles beginnt mit einem Mangel an erlebter **Sinnhaftigkeit**. Nach Maslow befindet man sich dann in einem defizitären Ich-Zustand in Verbindung mit starkem Selbstbezug. Zuerst Ich, dann das Unternehmenswohl.

[2] Trifft man in einer solchen mentalen Verfassung auf **unangenehme Hindernisse**, fehlt einem …

[3] … die notwendige **Motivation, Belastbarkeit und Zivilcourage**, diese Hindernisse intelligent und kraftvoll zu überwinden.

[4] Dann steigt die Wahrscheinlichkeit, sich mit **einfachen Lösungen** zu begnügen oder man wählt den Weg des **Ausweichens** und **Vermeidens**.

[5] Durch Ausweichen und Vermeiden entsteht ein **Vakuum**.

[6] Das Vakuum erzeugt **Eigendynamiken**. Die Handlungsmacht verteilt sich neu. Territoriale Menschen übernehmen die informelle Führung, Beziehungsmenschen ziehen sich eher zurück, Leistungsmenschen setzen sich eigene Ziele und beschleunigen das eigene Hamsterrad, ordnungsorientierte Persönlichkeiten werden zu

kritischen Beobachtern, und Innovatoren leben ihren Freigeist aus.

[7] Es bilden sich **situative Bündnisse** und Solidargemeinschaften aufgrund psychologischer Anziehungs- oder Abstoßungskräfte. Es bilden oder verstärken sich **Silos**.

[8] **Eigeninteressen** gehen vor Gesamtinteressen. Die Bereitschaft über die eigene Interessengruppe hinaus zu kooperieren nimmt ab.

[9] Kohärente Handlungs- und Kooperationsstrategien können nicht mehr aufrechterhalten werden. **Aktionismus** tritt an deren Stelle.

[10] An den Schnittstellen findet kein gemeinsames Denken und Handeln mehr statt. Einzel- oder Kleingruppeninteressen werden in Positionskämpfen verteidigt oder dominant durchgesetzt. **Schnittstellen werden zu »Bottlenecks«.**

[11] **Entscheidungsprozesse** verzögern sich oder kommen zum Erliegen.

[12] Unter dem Einfluss dieser Dynamiken finden sich immer wieder Personen, die Fehlleistungen ausgleichen. **»Klammeraffen«** machen die Runde. Die Störung des systemischen Gleichgewichts wird manifestiert.

[13] Fehlleistungen und Störungen nehmen zu. Es werden Energien investiert, diese zu tarnen. Sämtliche Tarnmanöver führen zu weiteren Störungen, die wiederum getarnt werden müssen. Ab jetzt gibt es

**»Leichen im Keller«** und **»Elefanten im Raum«**, von denen alle wissen, die jedoch niemand anspricht.

[14] **Neue Mitarbeiter**, die frischen Wind ins Unternehmen bringen sollen, werden von diesen Wirkkräften schnell erfasst und beteiligen sich bald am kollektiven **Nicht-Hinschauen** und **Nicht-Ansprechen**, obwohl sie selbst nie etwas falsch gemacht, keinerlei solidarische Bindungen haben und eigentlich in der Lage wären, Dinge klar zu sehen und ebenso klar zu benennen. Das System entfaltet einen negativen Konformitätssog. Der Abgrund rückt näher.

Warum es eine besondere Herausforderung ist, Strategien schnell umzusetzen, wird hierdurch klar. Wenn diese Kettenreaktion nicht frühzeitig angehalten wird, entsteht ein systemisches Energiefeld hoher emotionaler Komplexität und großer Undurchschaubarkeit. Einen Einstieg in die Neuordnung zu finden ist mühselig. Der richtige Ort dafür sind die Schnittstellen. Diese sind jedoch eigentümliche Biotope, wie wir später noch sehen werden. Häufig wird der Versuch der Neuordnung mit offiziellen Veränderungsprozessen verknüpft. Change-Management ist dann gefragt, welches jedoch oft scheitert und dann ebenfalls dazu neigt, sich mit Tarn- und Rechtfertigungsstrategien seine Position zu bewahren. Ein kurzer Blick auf den Umgang mit Veränderungen in Unternehmen zeigt eine erstaunliche Verzahnung mit der Kettenreaktion.

## 12
## Change ist immer

Wir glauben oder hoffen, dass der Fortgang des Lebens und der Arbeit einem gleichmäßigen Fluss entspricht. Am nächsten Ersten gibt es Geld, möglichst 14 x im Jahr und einmal jährlich gibt es eine Gehaltserhöhung. Die Produkte, die wir herstellen, der gute Ruf des Unternehmens und die Kundenbeziehungen bleiben auf Dauer erhalten. Alles geht weiter wie bisher. Wie von selbst. Wenn dann plötzlich ein unvorhergesehenes Ereignis unsere Ruhe trübt, setzt unser Change-Management ein, bis wieder Ruhe einkehrt. Vielleicht gab es eine Zeit, in der dies tatsächlich so war. Ich habe sie nie erlebt. Jedenfalls sieht die Gegenwart anders aus. Change ist immer. Wir befinden uns unablässig in einer Veränderungsbewegung. Jeden Tag kann etwas passieren, dass unseren erhofften ruhigen Fluss in eine plötzliche Flutwelle verwandelt. Veränderungen finden kontinuierlich statt. Wenn sich in dieser ständigen Wandlungsdynamik eine Insel der Ruhe eröffnet, sollten wir zugreifen und sie genießen. Dieser Moment wird nicht lange dauern.

Betrachten wir die sieben häufigsten Arten von transformatorischen Veränderungen, die auch in unterschiedlichen Kombinationen auftreten können:

## [1] Notwendige Anpassungen – Benchmarks und Best Practices

Das Unternehmen hat Schwächen erkannt und sich entschlossen – im übertragenen Sinne – das Haus zu renovieren oder grundlegend zu sanieren. Dies ist eigentlich ein Grund für Zuversicht in die Zukunft, wird jedoch mit Ängsten begleitet, diesen »Best Practices« und den damit verbundenen höheren Anforderungen nicht gewachsen zu sein. Die häufigsten inneren Fragen lauten: »Was war falsch mit dem Alten?«, »War ich nicht gut genug?«, »Wird das überhaupt funktionieren?«

## [2] Kreatives Expandieren – Von gut zu großartig

Das Unternehmen entwickelt sich im positiven Sinne entlang seiner bisherigen Strategien weiter, wird größer, moderner, zieht in neue Räume und wird insgesamt sichtbarer. Dies sollte alle Beteiligten ermutigen, jedoch löst auch eine solche Veränderung Befürchtungen aus. Die häufigsten inneren Fragen lauten: »Wie wird das werden?«, »Werde ich den neuen Anforderungen noch genügen können?«, »Werde ich am Ende überflüssig?«

## [3] Wissens-Transformation – Experten geben ihr Wissen und ihre Erfahrungen weiter – Neues Wissen muss beschafft werden

Hier verlassen Unternehmen mit ihren Experten vertrautes Terrain. Die Suche nach neuen Erkenntnissen und Verfahren, nach neuen Anwendungsfeldern und Produkten löst bei vielen Aufbruchstimmung aus. Gleichzeitig gibt es vorwiegend bei Experten die Befürchtungen, die eigene Wissenshoheit und damit mentale Stabilität und Selbstwert einzubüßen. Neue Erkenntnisse schaffen auch neue Interaktions- und Einflussräume. Ordnungsorientierte Experten erleben dies als Phase der Unordnung.

## [4] Radikale Transformation – Breaking Frames – Neue Identitäten kreieren

Fuji ist hierfür ein gutes Beispiel. Erfolgreich als Hersteller für fotografische Filme, musste sich das Unternehmen nach dem Niedergang der analogen Fotografie neu erfinden. Heute investiert das Unternehmen in die Forschung für Photonics, Nanotechnik und funktionale Materialien. Dies ist ein gewaltiger Schritt gewesen und eine fundamentale Veränderung. Die Mitarbeiter werden sich gefragt haben: »Wer bin ich jetzt?«, »Werde ich in Zukunft hier überhaupt noch einen Platz finden?«, »Das funktioniert doch nie!«, »Hilfe!«.

## [5] Synergien nutzen – Fremde ziehen ein

Die häufigste Art der Veränderung sind Zukäufe, sogenannte »Mergers and Acquisitions«. Dadurch expandieren Unternehmen, gewinnen Know-how und Marktanteile, verändern jedoch auch bisherige Strukturen. Abteilungen werden neu geordnet, Mitarbeiter erhalten neue Kollegen und Vorgesetzte, werden versetzt oder verlieren ihre Arbeitsplätze. Vertraute Netzwerke und soziale Verbindungen müssen neu geknüpft werden, Orientierung geht verloren. Hier beeinflussen die Veränderungen Menschen am stärksten, sie werden oft mit emotionalen Verlusten verbunden, die Betroffenen haben das Gefühl, gegen ihren Willen verändert zu werden. Dagegen wehren sie sich. Es drohen Blockaden und Intrigen.

## [6] De-Merger – Fremde zerstören und bauen neu auf

Ein Beispiel hierfür ist der Verkauf der Hypermarktkette REAL von Metro an den Finanzinvestor SCP, der von der russischen Sistema PJSFC mit etwa 300 Mio Euro finanziert wird. 276 Märkte mit 34.000 Mitarbeitern, 80 Immobilien und ein Online-Shop stehen zur Disposition. Weiterverkäufe und Standortschließungen sind die nächsten Schritte. Reale Existenz-Ängste entstehen.

## [7] Überleben – Downsizing

Geraten Unternehmen in Krisen, werden häufig Rationalisierungsprozesse in Gang gesetzt, Kostensparprogramme aufgelegt und Personal abgebaut. Auch hierdurch werden soziale Verbindungen infrage gestellt, Orientierung geht verloren, der Verlust des Arbeitsplatzes wird zu einem Damokles-Schwert, das ständig über den Beteiligten schwebt. Nach anfänglichem Widerstand, der oft nur ein letztes Aufbäumen darstellt und dazu dient, die Illusion energiegeladener Selbstgewissheit aufrecht zu erhalten, droht Resignation.

Mindestens eine dieser Arten der Veränderung findet immer statt. Change ist immer.

## 13
## Irrtümer über Veränderungswiderstände

Diese Arten von Veränderungen haben etwas gemeinsam. Das Bisherige schwindet, während das Neue noch nicht konkret und greifbar in Sicht ist.

Die betroffenen Menschen befinden sich in einer Übergangsphase. In dieser Zwischenzone gibt es keine klaren Perspektiven. Ungewissheit, Orientierungslosigkeit und Ängste sind die Folgen. Gleichzeitig erleben Menschen dies als Angriff auf ihren Selbstwert und ihre Würde.

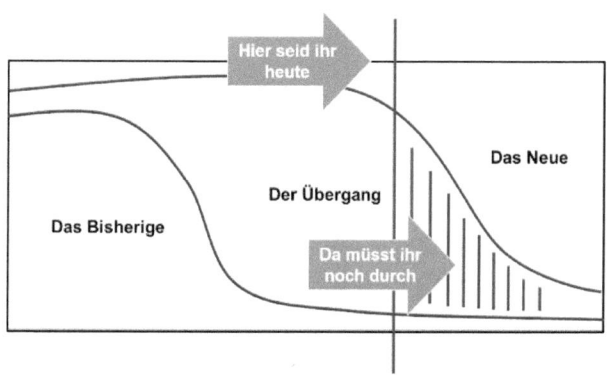

Es wird oft die Ansicht vertreten, dass Menschen auf Veränderungen grundsätzlich mit Widerstand reagieren. Dies trifft jedoch nicht zu. Wenn sich das Bisherige auflöst und Menschen in die Übergangsphase eintreten, läuft ihr inneres Radar auf Hochtouren. Es versucht Signale aufzufangen, die Orientierung geben können. Die sich daraus ergebenden Fragen und Interaktionen sind nicht Widerstand, sondern Ausdruck einer inneren Suche.

In der Praxis zeigt es sich immer wieder, dass Menschen diese Zone der Ungewissheit erfolgreich durchqueren können, wenn ihre Befürchtungen und Fragen gehört und gemeinsame Handlungsstrategien entwickelt werden. Der Eintritt in diese Übergangsphase löst Stress aus. Klares Denken und gemeinsames Handeln müssen daher bewusst aufrechterhalten werden. Dann werden Optionen am Horizont erkennbar, die innere Suche fördert Koordinaten zutage, die weitere Schritte ermöglichen, und Menschen setzen sich in Bewegung. Werden Menschen nicht auf diese Weise durch die Zwischenzone begleitet, lässt man sie allein und es entsteht ein Vakuum mit den bekannten Eigendynamiken.

Die sich daraus ergebenden Störungen sind nicht Widerstand gegen die Veränderungen, sondern Ausdruck von Orientierungslosigkeit und Furcht.

Gleichzeitig verteidigen Menschen in der Zwischenzone ihren eigenen Selbstwert, ihre eigene Würde. Unternehmen sind auch heute noch dadurch gekennzeichnet, dass sie fremdbestimmter Arbeit Raum geben und Menschen aus Existenzgründen ihre Zugehörigkeit zu diesem Raum sichern müssen. Trotz menschengerechter Gestaltung der Arbeits-bedingungen ist ein Arbeitsverhältnis nur ein Vertragsverhältnis, das jederzeit beiderseitig aufgekündigt werden kann. Selbst Rationalisierungsschutzabkommen und der Verzicht auf betriebsbedingte Kündigungen können an dieser Realität nichts ändern. Dies mag Sorgen um den Bestand des Arbeitsplatzes beschwichtigen. Eine dauerhafte Garantie kann es aber nicht geben. Im Ernstfall werden Aufhebungsvereinbarungen geschlossen. Auch hier zeigt die Praxis, dass Mitarbeiter dies nicht verhindern können. Dadurch sind Arbeitsverhältnisse dauerhaft mit Angst besetzt. Die Fremdbestimmtheit wird durch günstige Rahmenbedingungen bestenfalls beschwichtigt, jedoch nicht beseitigt. Dies führt zu der innerpsychischen Notwendigkeit, sich als Mensch und Mitarbeiter ein- und unterzuordnen und gleichzeitig die damit verbundenen Entwertungen der Würde abzuwehren. Dies geschieht meistens unbewusst. Daraus resultieren Erwartungsprojektionen auf das Führungspersonal [17] mit einem entsprechend sensibilisierten Radar im Dauereinsatz. Werden Menschen in Veränderungsphasen allein gelassen, setzt der Kampf um den Selbstwert ein. Auch dies ist kein Widerstand gegen Veränderungen an sich, sondern Sicherung der eigenen Würde. Sie erschrecken sich, gehen mit Vorsicht in Deckung, verteidigen zunächst ihre

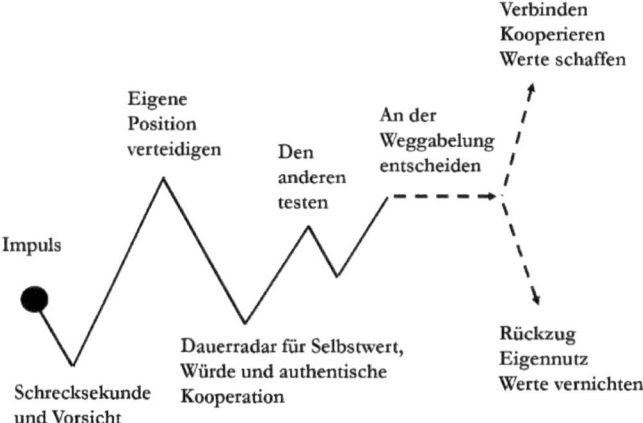

[17] Otto. F. Kernberg, Ideologie, Konflikt und Führung – Psychoanalyse von Gruppenprozessen und Persönlichkeitsstruktur, Klett-Cotta, 1998

eigenen Positionen und prüfen die anderen Beteiligten auf Kompetenz, Klarheit und Vertrauenswürdigkeit. Diese Prüfung wird zu einer wichtigen Weggabelung. Hier entscheidet es sich, ob Menschen kooperieren oder sich zurückziehen.

Es gibt also drei emotionale Dynamiken, die oft als Veränderungswiderstand eingeordnet werden, bei näherer Betrachtung jedoch als Suche nach Orientierung, Furcht und Selbstschutz der eigenen Würde erkennbar werden.

Die wahren Widerstände gegen Veränderungen haben eine andere Ursache. Veränderungen haben immer den beabsichtigen oder unbeabsichtigten Effekt, dass sie die Strategie-Umsetzungs-Blocker-Kettenreaktion unterbrechen. Nun geschieht folgendes:

- Sämtliche Ausweichstrategien drohen plötzlich, sichtbar zu werden,
- Kompetenz- und Leistungsmängel kommen ans Licht,
- Klammeraffen wollen zurück zu ihren rechtmäßigen Besitzern,
- Leichen tauchen aus dem Keller auf,
- eigendynamische Machtstrukturen und Territorien werden in Frage gestellt,
- das informelle Gleichgewicht, das das gestörte System stabilisiert hat, geht verloren,
- diejenigen, die weggeschaut haben, wachen peinlich berührt wieder auf.

Im Angesicht dieser dramatischen Wendungen entwickeln Menschen Widerstände.

**Dies sind aber keine Widerstände gegen die bevorstehenden Veränderungen. Es sind Widerstände gegen die Offenlegung der Sünden der Vergangenheit.**

Change-Management bedeutet in diesem Sinne das Beenden der negativen Kettenreaktionen, Etablieren einer rollenbewussten Führungskultur, klares Benennen der Störfelder, personelle Konsequenzen, Neuausrichten nach den positiven Koordinaten von Partizipation und Kooperation und ehrlicher Neuanfang. Nur wenn sich alle Beteiligten von nun an darum bemühen, Rollen zu klären und zu wahren, Führungsräume formell zu füllen und mit gemeinsamem Denken und Handeln die in den Menschen und im Unternehmen schlummernden Potentiale zu entfalten, kann dieser Neuanfang nachhaltig gelingen. Gelingt dies nicht, bleibt ein Dauerwiderstand im Unternehmen. Selbst wenn sich über die Zeit die Mitarbeiterschaft erneuert, wird dieser Dauerwiderstand wie ein Echo im System nachklingen, ohne dass sich die Mitarbeiter erklären können, woher dieses Echo kommt. Es gehört dann zur »Kultur« des Unternehmens:

»Bei uns ist das eben so.«

## Teil 4
### Das Lieblingsbiotop der Kettenreaktion: Die Schnittstellen

Werden diese verdeckten Zusammenhänge deutlich angesprochen und in aller Klarheit benannt, reagieren die meisten Menschen mit Erleichterung, weil fast jeder unter deren Auswirkungen leidet. Man fragt sich dann betroffen, wie konnte das geschehen und warum hat keiner etwas gesagt? Dafür gibt es einen Grund. Die negative Kettenreaktion beginnt mit Vermeiden. Über allem schwebt somit eine Dunsthaube des Nicht-Wahrhaben-Wollens, die irgendwann jeden im System erfasst. Um dies zu unterbrechen, müsste jemand laut und deutlich sichtbar werden und handeln. Aber wer? Wer wagt den ersten Schritt? Wer riskiert die ungewissen Folgen? Wenn es »die da oben« nicht tun, dann tun es »die da unten« erst recht nicht. Die latente Angst um den existenzsichernden Arbeitsplatz verhindert zusätzlich einen solch mutigen Schritt. Wer Angst hat schaut im Zweifel weg. Das kollektive Vermeiden überlässt instinkt-getriebenen Eigendynamiken freien Lauf. Was sich nun abspielt könnte man »Seifenoper« nennen. Sie befinden sich plötzlich in Folge 235 und wundern sich, wie Sie da überhaupt hineingeraten konnten. Das liegt daran, dass solche »Seifenopern« einen

Lieblingsspielort haben, an dem sie sich ungehindert entfalten können: Die Schnittstellen.

## 14
## Das unerkannte Vakuum an Schnittstellen

Es ist schon schwierig genug, offizielle Führungsräume strukturiert zu füllen und das Zusammenwirken von Menschen in Systemen zu steuern und zu gestalten. Das latent vorhandene, ständig seine Form wandelnde Vakuum erfordert ein hohes Maß an Aufmerksamkeit und situativer Handlungskompetenz.

An Schnittstellen gibt es nun keine offizielle Führung. Dort ist Vakuum vorprogrammiert, sozusagen institutionalisiert. Eigendynamiken sind dort fast unvermeidbar. Hier werden die nächsten Folgen der »Seifenoper« gedreht. Hier entscheidet es sich, ob Strategien schnell umgesetzt werden oder die Leistungskräfte verloren gehen.

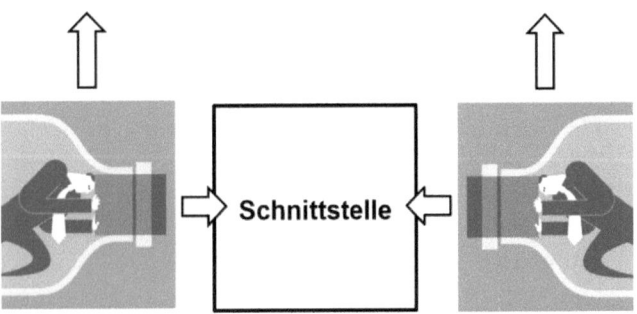

An Schnittstellen treffen sich Handlungs- und Führungsverantwortliche als Peers. Sie befinden sich nicht mehr in Über- oder Unterordnungsverhältnissen. Sie müssen gleichrangig agieren, Themen definieren, Lösungsoptionen suchen und Entscheidungen treffen. Erreichen sie dies nicht, müssten sie dies »nach oben« eskalieren. In den meisten Unternehmen gibt es jedoch keine klar geregelten Eskalations-Prozesse. Dies ist nicht verwunderlich. Eskalationsinstanzen können nur die Vorgesetzen der Parteien sein, die sich an der Schnittstelle treffen und zu scheitern drohen. Diese sind aber strukturell in der gleichen Situation. Auch sie begegnen sich als Peers und befinden sich an einer unorganisierten Schnittstelle. Warum sollten sie es besser können? Einer solchen Situation ausgesetzt, delegieren Vorgesetze die Eskalations-Aufgabe wieder zurück. Oft mit den Worten: »Ihr seid hochbezahlte Führungskräfte. Löst das bitte unter euch.«

Hier ist etwas erforderlich, was gegenwärtig ausführlich diskutiert wird und derzeit völlig ungeklärt ist: Selbstorganisation.

Wir nehmen gerade Abschied von alten Führungstraditionen, Rollen und Hierarchien. Diese wird es in Zukunft so nicht mehr geben. Die Alten zucken jetzt und sagen: »Das glaube ich nicht« und halten an alten Denk- und Verhaltensmustern fest. Ein Blick ins Handelsblatt vom 8. Juli 2019 macht dies – unbeeindruckt von aktuellen Trends – sichtbar. Man liest folgende Sätze und Überschriften: »Die meisten Führungskräfte wünschen sich eine starke Führungsfigur«, »Die Sehnsucht nach dem Alphatier«,

»Führung wichtiger denn je«, »Die Menschen sehnen sich nach Leadership«. Dies ist jedoch nur noch ein Echo. Die neuen Generationen haben sich längst auf den Weg gemacht, die Zusammenarbeit von Menschen in Organisationen neu zu denken. Und sie werden dies auch bald in die Tat umsetzen. Die wichtigsten Leitgedanken dabei sind:

- Selbstreferenzielle Situationsanalysen unabhängig von benchmarkenden Unternehmensberatern,
- Co-Kreation [18],
- Selbst-Wirksamkeit von Teams, vor allem an Schnittstellen.

Derzeit gibt es dazu viele unterschiedliche Auffassungen und Perspektiven. Es wird diskutiert, ob Führungskräfte künftig überhaupt noch erforderlich sind. Die einen wollen auf sie verzichten, wahrscheinlich aufgrund jahrelanger schlechter Erfahrungen. Die anderen haben Angst, überflüssig zu werden. Selbstorganisation wird als Ziel ausgerufen. Die erstaunliche Realität ist, dass sich Menschen immer in einem Zustand der Selbstorganisation befunden haben und weiterhin befinden werden. Die Natur hat keine Führer und Geführten hervorgebracht. Von Natur aus sind wir alle gleichrangig und zunächst einmal führerlos. Das Leben ist somit ein überdimensionales Selbstorganisationsexperiment und wir befinden uns

---------------------------------------------------------------

[18] Dr. Georg Michalik, Co-Creation: Die Kraft des gemeinsamen Denkens, Schäffer-Poeschel, 2020

mittendrin. Selbstorganisation ist das Grundprinzip jeder menschlichen Interaktion. Gleichzeitig hat sich ein hierarchisches Ordnungsprinzip als bevorzugtes Modell durchgesetzt: Familienoberhäupter – Clan-Chefs – Häuptlinge – Kapitäne – Parteivorsitzende – Präsidenten – und eben Führungskräfte.

Dies ist nicht überraschend. Selbstorganisation ist die zwangsläufige Folge eines Ordnungsvakuums. Gedankliche und emotionale Vakuumzustände werden von Menschen meist als verwirrend und verunsichernd erlebt. Sie suchen dann nach Orientierung und Sicherheit. Im Sinne kooperativer Selbstorganisation müssten sie sich nun gemeinsam und wechselseitig Orientierung und Sicherheit geben. Wenn sich aber orientierungslose und verunsicherte Menschen zusammenschließen, entsteht erst einmal ein orientierungsloses und verunsichertes Kollektiv. Damit ist noch nichts erreicht. Jetzt schlägt die Stunde der sogenannten Alphatiere. Dominante Persönlichkeiten erleben Vakuum nicht als verunsichernd, sondern als freies Territorium. Ohne länger nachzudenken, übernehmen sie es einfach. Alle anderen schauen zu, sind vielleicht für einen Moment empört, wägen dann ihre Chancen für Rebellion ab, machen einen Schritt zurück, weichen aus und fühlen sich am Ende sogar erleichtert, dass jetzt eine »starke Persönlichkeit« für sie sorgt. Psychoanalytiker sprechen von einem Abhängigkeitsbedürfnis. Siehe oben: Otto Kernberg [17]. In diesem Moment entstehen Hierarchien. Bei realistischer Betrachtung wird das hierarchische Prinzip als Ordnungsmodell noch lange Bestand haben. Was aber keinen Bestand mehr haben wird, sind Dominanzhierarchien, die von selbstbezogenen Einzelpersonen geprägt sind.

Autokraten sterben aus. Klicken Sie Youtube »Winterkorn Hyundai« und Sie wissen, warum. Der bekannte Zukunftsforscher Horst Opaschowski prognostizierte in einem Interview mit dem Redaktionsnetzwerk Deutschland für die Ausgaben vom 5. April 2020 im Zusammenhang mit der Corona-Pandemie zwei bemerkenswerte Entwicklungen. Er geht davon aus, dass die Erfahrung des gemeinsamen Handelns als tragendes kollektives Gefühl fortbestehen wird und sagt: »Ich spreche von einem starken Ich in einem starken Wir. Das Ich im Wir ist das Besondere – es spricht für starkes Selbstvertrauen, das man aber erst im Wir verwirklicht.« Und er ergänzt: »Die Zeiten der Alphatiere werden nach dieser Krise endgültig vorbei sein.«

Alphatiere werden aber das Territorium nicht freiwillig räumen. Andere müssen den Mut aufbringen, es zu besetzen. Was dieses latent stets vorhandene Vakuum künftig füllen wird sind Kooperationshierarchien intelligenter Experten. Jedes organisierte Verhalten von Menschen erfordert Ideen, Problemlösungen, Entscheidungen und die möglichst schnelle Umsetzung in reales Handeln und sinnvolle Ergebnisse. Niemand kann das allein. Dies wird nur möglich durch das Zusammenwirken von Menschen mit ganz unterschiedlichen Kompetenzen. Kluge Köpfe lassen sich nicht aufhalten. Im Zweifel gründen sie ihre eigenen innovationsbasierten Organisationen. Gleichzeitig überlassen sie aber nichts dem Zufall – oder dem noch so gut gemeinten Engagement nicht ganz so kluger Köpfe. Sie werden intelligente Kooperation als Denk- und Umsetzungsfundament etablieren, aber nur solche Persönlichkeiten im innersten Zirkel daran beteiligen, die sich auf gleicher Höhe befinden. Dadurch bilden sich nachrangige Ebenen. Hierarchien bleiben bestehen. Schließlich befinden sich alle, die in solch kooperativen Unternehmensformen mitarbeiten, immer in Vertragsverhältnissen und werden definierte Leistungen erbringen müssen. Idealerweise werden sie an Umsetzungs- und Feedbackprozessen partizipativ und co-kreativ beteiligt. Dadurch entstehen neue Ordnungsdynamiken, in denen sich neuzugestaltende Rollen miteinander vernetzen. Dominantes Führungsgehabe wird durch intelligente Kooperation ersetzt, die vertikales Denken in hierarchischen Silos überwindet und sich in die Horizontale über Abteilungsgrenzen hinweg entfaltet. Dies ist ein ständiger Balanceakt und führt zu besonderen Herausforderungen für künftige »Mitarbeiter«. Sie müssen in der Lage sein, auf Augenhöhe selbstorganisiert zu kooperieren, müssen sich durch Kompetenz legitimieren, ihr relevantes Beziehungsnetzwerk belastbar pflegen und ständig verhandlungsfähig sein. Bildung wird zu einem entscheidenden Faktor für das Gelingen künftiger organisationaler Interaktionsprozesse. Zu diesem speziellen Bildungsportfolio gehören neben Expertenwissen vor allem Führungs- und Verhandlungskompetenzen für alle [19]. Künftige »Mitarbeiter« müssen also selbst zu Führungskräften werden. Allerdings in einer informellen Rolle. Ebenso werden bisherige Führungskräfte andere Rollen annehmen. Ihre Aufgabe wird dann überwiegend

---------------------------------------------------------------

[19] Diese Gedanken folgen dem Artikel »How to Lead Your Fellow Rainmakers«, Harvard Business Review, March – April 2019.

darin bestehen, Teams nach außen und innen zu schützen und bei Bedarf die Schnittstellen zu managen. Selbstorganisierte Teams arbeiten oft in Grenzbereichen. Hier lauern unbekannte Gefahren. Dies erfordert klare Sicht und einen schützenden Rahmen. Es wird dann keine klassischen Führungskräfte und Mitarbeiter mehr geben, sondern nur noch Experten, die sich wechselseitig gemeinsam führen. Sie werden sich Kollegen für jeweils relevante Führungsaufgaben auswählen, so wie die Berliner Philharmoniker ihre Dirigenten selbst wählen. Und sie werden für jedes Stück einen anderen Dirigenten wählen. So arbeiten selbstorganisierte Teams schon heute und nennen dies »Führen nach Kompetenzen«.

Was neben einem neuen Rollenverständnis hierzu notwendig ist, ist vor allem die völlige Transparenz und jederzeitige Verfügbarkeit von Führungswerkzeugen für alle am Leistungsprozess Beteiligten.

Jeder wird gebraucht. Jeder muss führen können. Jeder darf führen. Jeder kann führen.

Wenn Selbstorganisation eine derart komplexe Herausforderung darstellt, kann sie an unkoordinierten Schnittstellen nicht von alleine gelingen. Wer die »Seifenoper« beenden möchte, braucht Ordnung.

## 15
### Furcht vor Entscheidungen

Der erste Schritt zur Ordnung besteht in der Transparenz von Entscheidungsprozessen. Wir haben oben gesehen [09 Dörner und das Scheitern] warum Entscheiden eine ständige Herausforderung ist. Es gibt ein weiteres Element, das oft unterschätzt oder nicht wahrgenommen wird. Dieses Element wird in folgender Anekdote sichtbar. Eine Frau geht im Delikatessenladen einkaufen. Ihr Mann bittet sie, eine Flasche Limoncello mitzubringen. Sie kommt ohne Limoncello nach Hause.

Mann:  »Und, was ist mit dem Limoncello? Gab's keinen?«

Frau:  »Doch, ganz viele.«

Mann:  »Und?«

Frau:  »Ich stand vor dem Regal. Da gab es sechs verschiedene Sorten, unterschiedliche Flaschen, Farben und Herkünfte. Und unterschiedliche Preise.«

Mann:  »Und? Wo ist das Problem?«

Frau:  »Ich musste entscheiden.«

Mann:  »Ja, das machst du doch sonst auch immer.«

Frau:  »Dafür brauche ich aber Kriterien. Form, Farbe, Herkunft und Preis sind keine Kriterien. Das einzige entscheidende Kriterium ist der Geschmack. Und den konnte ich nicht testen.«

Mann:  »Und deshalb hast du keinen gekauft?«

Frau:  »Genau.«

Mann:  »Hättest doch irgendeinen kaufen können, spielt doch keine Rolle.«

Frau:  »Das machst du ja beim Wein auch nicht.«

Mann:  »Das ist ja auch was anderes.«

Frau:  »Was ist denn daran anders?«

| | |
|---|---|
| Mann: | »Beim Wein gibt es doch feine Unterschiede. Limoncello schmeckt doch immer gleich.« |
| Frau: | »Ich glaube da haben wir unterschiedliche Sichtweisen.« |
| Mann: | »Nächstes Mal bringst du einfach irgendeinen mit.« |
| Frau: | »Nächstes Mal gehst du selbst einen kaufen.« |

Wer hat recht? Natürlich beide. Was ist schiefgelaufen? Sie haben sich nicht über relevante Entscheidungskriterien abgestimmt. Beide hatten unterschiedliche Kriterien. Die Frau hat recht, weil der Geschmack bei einem Genussmittel vermutlich das einzige sinnvolle Kriterium ist. Der Mann hat recht, weil auch er Kriterien hat. Ohne Kriterien kann niemand entscheiden. Die waren aber für seine Frau nicht erkennbar. Für uns übrigens auch nicht, vermutlich der Alkoholgehalt. Aber wissen können wir das nicht, weil sein Entscheidungsprozess diffus war. Wenn Menschen an solch einer Entscheidungs-Weggabelung nicht über klare und der Situation entsprechende Kriterien verfügen, dürften sie auch keine Entscheidung treffen. Sie müssten zuerst nach relevanten Kriterien suchen oder, wenn sie keine finden, sich über die zweitbesten Kriterien abstimmen. Wer das nicht macht, trifft diffuse Entscheidungen.

Wenn in unserem eingangs geschilderten Fall 4 die einberufenen Gesprächsrunden zu endlosen, sich im Kreis drehenden Debatten führen, dann liegt das daran, dass die Beteiligten nicht über klare und relevante Kriterien verfügen. Dies ist ein häufiges

Phänomen an Schnittstellen. Vorgesetzte übersehen dies häufig. Sie sind dann über die Zeitverzögerungen oder die schlecht vorbereiteten Entscheidungsvorlagen verärgert. Sie zweifeln dann häufig an der Kompetenz ihrer Mitarbeiter. Ihr verzweifelter Ausruf lautet oft: »Aber ich habe ihnen doch gestattet, Entscheidungen eigenverantwortlich zu treffen.« Hier besteht ein kleines aber bedeutsames Missverständnis. Es geht nicht um Erlaubnisse, sondern um Kriterien. Dies ist so, als würde man einem Übergewichtigen sagen: »Du darfst abnehmen.« Er würde einen dann wahrscheinlich entgeistert anschauen und sagen: »Danke, nett von dir, aber das nutzt mir jetzt auch nicht wirklich.« Selbst erfahrene Fach- und Führungskräfte erkennen dies nicht. Sie müssten nach relevanten Kriterien suchen, gegebenenfalls externe Experten einbeziehen, tun dies aber nicht. Stattdessen weichen sie in diffuse Begründungs- und Rechtfertigungsstrategien aus. Ordnung an den Schnittstellen zu etablieren bedeutet in erster Linie, Transparenz und bewusstes Handeln in Entscheidungsprozessen herzustellen.

## 16
## Strategien für erfolgreiches Kooperieren

Für dieses bewusste Handeln empfiehlt sich folgender Leitfaden.

### 1. Zwei Ausgangsfragen
- Jemand braucht etwas von mir.
- Ich brauche etwas von einem anderen.

### 2. Zuständigkeiten klären
- Wer ist zuständig und wer muss beteiligt werden?

Hier hilft das RACI-VS/RASCI-Modell:

[1] Responsible
Wer trägt die Verantwortung für die Durchführung?

[2] Accountable
Wer trägt die Verantwortung für Ergebnis und Qualität? Wer ist der »Owner«?

[3] Consulted
Von wem müssen Informationen eingeholt werden? Wer ist zu beteiligen?

[4] Informed
Wer muss informiert werden?

[5] Verifies
Wer kontrolliert oder prüft die Einhaltung von Prozessen oder Kriterien?

[6] Signs Off
Von wem brauche ich Genehmigungen?

[7] Supportive
Werden noch zusätzliche Personen oder Rollen für die Umsetzung benötigt?

### 3. Regel: Telefon vor E-Mail
Lieber schnell zum Hörer greifen, als unpersönliche E-Mails schreiben, die im Zweifel nicht oder zeitverzögert gelesen und beantwortet werden.

## 4. Qualität der Anfrage

- Was genau wird benötigt?
- Für welchen Leistungsprozess?
- Welche Folgen hätte eine Ablehnung?
- Hätte die Anfrage auch schon früher erfolgen können?
- Bis wann wird die Antwort benötigt?
- Was ist der Nutzen?

## 5. Schnelle Rückbestätigung mit einer qualifizierten inhaltlichen Antwort und Klarheit über das JA oder NEIN

## 6. Kooperation und Lösungssuche an der Schnittstelle

Regel: Es gibt immer ein Gespräch.

In jedem der beiden Fälle – JA oder NEIN – erfolgt ein konstruktives Gespräch nach der folgenden Struktur:

[1] Sind wir persönlich in einem guten und vertrauensvollen Kontakt?

- Was müssen wir noch voneinander wissen?
- Was braucht jeder vom anderen, um vertrauensvoll zu kooperieren?

[2] Was sind die relevanten Fakten?

- Was ist bisher geschehen?
- Welche Auswirkungen hatte das?
- Welche Verpflichtungen bestehen?

[3] Welche Sichtweisen hat der andere?

- Was ist dem anderen wichtig?
- Wie sehen seine Rahmenbedingungen aus?
- Welche Befürchtungen bestehen?

[4] Welche Sichtweisen habe ich?

- Was ist mir wichtig?
- Wie sehen meine Rahmenbedingungen aus?
- Welche Befürchtungen habe ich?

[5] Welche Sichtweisen haben andere Beteiligte?

- Was ist anderen wichtig?
- Wie sehen deren Rahmenbedingungen aus?
- Welche Befürchtungen bestehen?

[6] Gemeinsamen Raum für Kooperation finden

- Welche Ziele haben wir gemeinsam?
- Welche Sichtweisen können wir teilen?
- Was ist uns gemeinsam wichtig?

[7] Was sind unsere nächsten Handlungsschritte?

## 7. Entscheiden an der Schnittstelle

[1] Ziel

- Was ist das gemeinsame Ziel?
- Wie wichtig ist es?
- Wie dringlich ist es?

[2] Status und Ursachen

- Warum sind wir nicht bereits da, wohin wir möchten?
- Was sind die Ursachen?

[3] Handlungsfelder

- Welche Handlungsfelder leiten wir aus der Analyse der Ursachen ab?
- Mit welchen konkreten Handlungsschritten wollen wir unser Ziel erreichen?

[4] Erfahrungen

- Welche Erfahrungen bestehen zu vergleichbaren Situationen?
- Wie passen die Vorerfahrungen zu der aktuellen Situation?

[5] Welche Entscheidungskriterien sind relevant?

- Haben wir alle Kriterien erfasst?

[6] Welche Alternativen stehen zur Entscheidung?

- Gibt es weitere Alternativen?

[7] Welche Folgen hätte ein Nicht-Entscheiden?

[8] Welche Entscheidungsfolgen können wir vorhersehen?

[9] Welche Entscheidungsfolgen können wir nicht vorhersehen?

[10] Welche Risiken sind mit der Entscheidung verbunden?

- Wie lassen sich die Risiken vermindern?
- Welche Risiken bleiben bestehen?

[11] Welchen Nutzen hat die Entscheidung?

- Für wen besteht der Nutzen?

[12] Nutzen und Risiken anhand der Kriterien abwägen

[13] JA – NEIN

## 8. Selbst entscheiden und Entscheidung analog RACI-VS/RASCI kommunizieren
oder
**qualifizierte Entscheidungsvorlage an die nächste Ebene senden.**

Ziel ist immer ein faktenbasiertes Gespräch, bei dem jeder seine Sichtweisen einbringen kann, um am Ende einen gemeinsamen Raum für Kooperation und strukturiertes Entscheiden herzustellen.

Auch im Falle eines NEIN besteht die Verpflichtung zu einem Gespräch. Es müssen mindestens die Zuständigkeiten geklärt und eine genaue Begründung für die Ablehnung gegeben werden, um eine sachlich nachvollziehbare Eskalation zu ermöglichen.

**Teil 5**
**Zurück zur Realität**

Wir sind nun gedanklich bestens ausgestattet, um uns den vier Fällen aus Teil 1 zuzuwenden.

**17**
**Die vier Fälle aus Teil 1**

Zum Abschluss kommen wir zurück zu unserem Fall-Szenario. Wie lässt sich diese komplexe Situation lösen? Die erste Frage lautet: »Wer übernimmt die Verantwortung und Initiative für die Lösung?«

Zur Verfügung stehen dafür folgende Personen, die mit unterschiedlichen Wahrscheinlichkeiten in Aktion treten werden:

Gernot

Er befindet sich in der Dörner'schen Überforderungsdynamik, delegiert Aufgaben und Verantwortungen weg und fremdattribuiert auftretende Mängel. Er müsste die Bereinigung des Produkt-Portfolios selbst vorantreiben, am Ende selbst entscheiden und den Kopf dafür hinhalten. Mit hoher Wahrscheinlichkeit würden dadurch seltene

Komponenten-Produkte aussortiert werden, weil sie nicht umsatzrelevant sind und die Produktionsabläufe ungünstig beeinflussen. Dies wird zu Konflikten mit der Kollegin Geraldine führen.

Die Wahrscheinlichkeit, dass Gernot die Handlungsinitiative ergreift ist sehr gering.

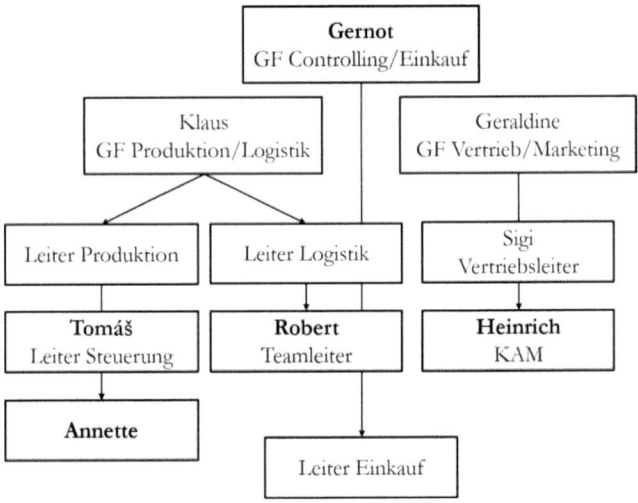

Geraldine

Sie hat derzeit keine Veranlassung, am Produkt-Portfolio Veränderungen vorzunehmen. Die Probleme der Logistik interessieren sie nicht. Dies alles sind Themen der Kollegen und nicht ihre.

Die Wahrscheinlichkeit, dass sie die Initiative ergreift ist ebenfalls sehr gering.

## Sigi und Heinrich

Für diese beiden gilt das gleiche wie für Geraldine. Warum sollten sie etwas ändern? Heinrich führt ungestört sein Eigenleben und Sigi wird kaum Lust verspüren, ihn daran zu hindern. Den zu erwartenden Konflikten wird er eher ausweichen.

## Klaus

Er hat das größte Interesse an der Lösung dieses Konflikts und hat bereits Initiative ergriffen. Er müsste nun Ordnung in den Diskussions- und Entscheidungsprozess bringen.

Die Wahrscheinlichkeit, dass er dies tut, ist hoch.

Gleichzeitig ist er nicht legitimiert, eine endgültige Entscheidung selbst zu treffen. Seine Arbeit kann nur in eine qualifizierte Entscheidungsvorlage für die Geschäftsführung münden. Dort ist jedoch mit einer heftigen Auseinandersetzung zu rechnen. Ein Blick auf die beteiligten Persönlichkeiten – Gernot und Geraldine – lässt erahnen, dass hier komplexe Interessengegensätze aufeinandertreffen werden. Wird sich Klaus dem aussetzen? Möglicherweise, ja. Einmal. Vielleicht auch ein zweites Mal. Und dann vermutlich nie wieder. Wird er sich um das Thema Tomáš und Robert kümmern? Eher nicht. Dies ist ihm zu fern. Er wird es seinen nächsten Führungskräften überlassen, die jedoch in der Peer-

Peer-Schnittstellen-Falle stecken. Eine Lösung für Annette ist auch nicht in Sicht.

## Tomáš

Wird er Initiative für Annette ergreifen? Er hat dies bisher nicht getan. Warum sollte er dies jetzt plötzlich tun? Es wäre eine humanistische gute Tat, ist aber sehr unwahrscheinlich.

## Robert

Er hat keine Veranlassung, etwas zu ändern. Er wird vermutlich in Deckung bleiben.

## Annette

Sie hat bereits versucht Lösungen zu finden und mit Tomáš und Robert gesprochen. Ohne Erfolg. Was wird sie nun tun? Vermutlich wird sie weitermachen wie bisher, die Belastungen werden zunehmen, vielleicht wird sie resignieren und auf ein Wunder hoffen. Die Wahrscheinlichkeit, dass sie früher oder später kündigt und sich einen neuen Job sucht, ist sehr hoch.

Am Ende steht Annette allein da; durch ihre vakuum-getriggerte Hilfsbereitschaft selbst-verschuldet, jedoch keineswegs schuldhaft. Sie ist am Ende die Dumme. Die Kleinste trägt die größte Last.

Es gibt noch eine weitere Perspektive: Die des Beraters. Was würde ein Berater tun? Zunächst müsste er überhaupt beauftragt werden. Wer würde das in diesem Szenario tun? Gehen wir die Einzelnen durch:

Gernot sieht keine Probleme bei sich selbst. Er könnte aber anregen, dass sich Klaus einen Berater sucht.

Geraldine, Sigi und Heinrich haben gegenwärtig keine Veranlassung, einen Berater hinzuzuziehen.

Tomáš und Robert werden dies auch nicht tun. Warum auch?

Annette hat den größten Bedarf, jedoch keine Legitimation, einen Berater zu beauftragen. Einen Berater privat zu buchen und zu bezahlen, wird sie sich nicht leisten können und wollen. Es wäre ja auch kein Privatproblem.

Klaus ist der einzige, der auf die Idee kommen könnte, einen Berater hinzuzuziehen. Nicht für das Annette-Problem, aber für die Gestaltung des Diskussions- und Entscheidungsprozesses bezüglich der Portfolio-Bereinigung. Er sieht dies nicht als eigenen Führungsmangel an, sondern schreibt die chaotische Situation der mangelnden Kompetenz der beteiligten Experten zu. Dies erlaubt ihm, gesichtswahrend einen Berater »für die anderen« bereitzustellen. Im Idealfall würde dies zu einer fundierten Entscheidungsvorlage mit den zu erwartenden Auseinandersetzungen führen. Auch da könnte der Berater mit Ermutigung und entsprechend wirkungsvollen Interaktionsstrategien helfen. Insofern besteht hier ein Einstiegspunkt in die Lösung dieses komplexen Szenarios.

Annette bleibt aber weiterhin unbeachtet und allein.

Wer einen Affen auf den Schultern trägt, muss ihn im Zweifel selbst wieder loswerden.

# Nachschlag

# 1. Leseprobe

## Der Situations-Navigator – Band 1

## Wie Sie in unübersichtlichen Führungslandschaften immer die richtigen Lösungswege finden

### Teil 1
### Die Suchmaschine

Die meisten Menschen lieben Suchmaschinen. Eine Fülle von Informationen wird dadurch für sie zugänglich. Sie finden schnell, was sie benötigen und können sich immer orientieren. Das tägliche Miteinander der Menschen führt oft zu Problemsituationen. Hierfür brauchen sie Lösungen. In der Komplexität der Situationen verlieren Menschen jedoch oftmals die Übersicht, finden nicht schnell genug die passende Lösungsstrategie und geraten in Sackgassen. Um dies zu vermeiden gibt es diese Suchmaschine, diesen Situations-Navigator.

Situationen, in unserem Verständnis, sind immer Interaktionen zwischen Menschen. Ein Beispiel: Sie bleiben mit Ihrem Auto im Schneesturm stecken. Isoliert betrachtet ist dies keine Situation, mit der wir uns hier beschäftigen. Wenn Ihr Beifahrer jedoch stöhnend sagt, »Das habe ich kommen sehen, aber du hast ja nicht auf mich gehört«, dann springt unsere Suchmaschine an. Um den Einstieg in die Anwendung des Situations-Navigators so einfach und konkret wie möglich zu gestalten, betrachten wir zunächst nur Situationen zwischen *zwei* Menschen. Situationen, an denen mehrere Personen beteiligt sind, folgen im weiteren Verlauf dieser Buchreihe. Dies könnten Situationen sein, wie beispielsweise ein Streit zwischen Mitgliedern eines Vereins während einer Mitgliederversammlung, das Führen von Teams durch Krisen, Spannungen in einer Dreiecksbeziehung oder die misslungene Geburtstagsfeier einer siebenköpfigen Familie. Um den Einstieg weiterhin zu vereinfachen, betrachten wir vorrangig Situationen zwischen zwei Menschen in der Arbeitswelt. Die bunte Welt der privaten Interaktionen folgt später – Situationen, wie beispielsweise Bewerbungen für einen Mietvertrag, Ärger mit einem lauten Nachbarn, Mobilfunkanbieter, die einen in einer Warteschleife schmoren lassen, mit den sich endlos wiederholenden Worten »Uns ist ihr Anruf wichtig«, oder hustende, schniefende und laut telefonierende Menschen, mit denen Sie in Bussen, Bahnen oder Flugzeugen stundenlang einge-zwängt sind.

Zunächst konzentrieren wir uns auf Situationen zwischen zwei Personen in der Arbeitswelt. Auch in der Arbeitswelt gibt es eine komplexe Vielfalt von Situationen. Wir fokussieren uns im Folgenden auf Führungs-situationen.

Der Situations-Navigator im Überblick.

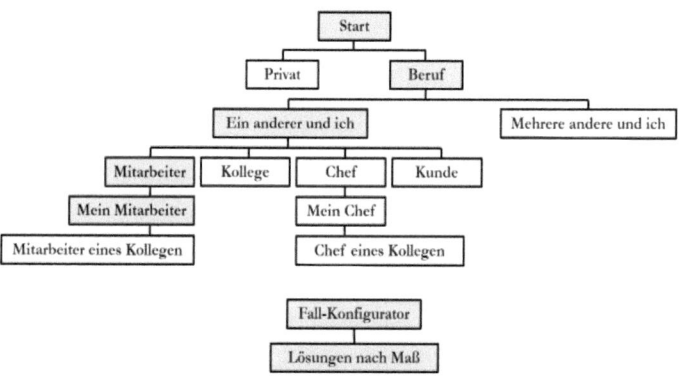

Wir folgen diesem Pfad: Start – Beruf – Ein anderer und ich – Mitarbeiter – Mein Mitarbeiter – Fall-Konfigurator – Lösungen nach Maß.

Sie könnten jetzt denken, dass jede Situation einzigartig und eine Fall-Konfiguration gar nicht möglich ist. Obwohl es eine unübersehbare Anzahl an verschiedenen Situationen zu geben scheint, können Sie bei näherem Hinsehen Wiederholungen und Muster erkennen. Diesen Mustern folgen wir. Der Nutzen für Sie ist, dass Sie durch diese gedankliche Struktur die Anzahl der Fälle sortieren und in der Vielfalt sicherer navigieren können. Wenn Sie erst einmal auf der richtigen Spur sind, können Sie sich mit den individuellen Details der jeweiligen Fallsituationen genauer beschäftigen.

## 01
### Jeder kann führen

Der Situations-Navigator soll sowohl offiziellen Führungskräften dienen, als auch den vielen unerkannten. Jeder Mensch in einem Unternehmen wird früher oder später mit einem anderen Kollegen zusammenarbeiten, Ideen austauschen, Probleme lösen, Entscheidungen treffen und gemeinsam etwas schaffen. Jeder der Beteiligten gestaltet damit einen speziellen Leistungsprozess und versucht, ihn zu einem positiven Abschluss, zu einer guten Lösung, einer Entscheidung und einer schnellen Umsetzung zu führen. Auch dies ist Führungsarbeit. Diese unerkannte, inoffizielle Führungsarbeit wird in Zukunft immer wichtiger werden.

[…]

Was neben einem neuen Rollenverständnis hierzu notwendig ist, ist vor allem die völlige Transparenz und jederzeitige Verfügbarkeit von Führungswerkzeugen für alle am Leistungsprozess Beteiligten. Diese Transparenz soll der Situations-Navigator herstellen. Jeder wird gebraucht. Jeder muss führen können. Jeder darf führen. Jeder kann führen.

## 02
## Die Top-Ten-Führungssituationen

*»If you make it here, you make it anywhere«* – Nachfolgend finden Sie zehn typische Situationen und eine Denksportaufgabe. Ordnen Sie diese Fälle in der Reihenfolge ihrer Schwierigkeitsgrade:

- Leicht
- Mittel
- Schwierig
- Grenzwertig

Noch ein Tipp zur Aufgabe. Es geht nicht darum wie schwierig *Sie* diese Fälle *für sich selbst* erleben und einordnen. Es könnte ja sein, dass ein an sich schwieriger Fall aufgrund Ihrer Erfahrungen für Sie recht einfach zu lösen ist. Umgekehrt könnte auch ein relativ einfacher Fall für Sie zu einer Hürde werden, weil Sie sich mit einem solchen Fall noch nie beschäftigt haben. Wenn jeder seinen eigenen persönlichen Schwierigkeitsmaßstab an Situationen anlegt, hätten wir am Ende so viele Beurteilungsmaßstäbe wie es Führungskräfte gibt. Dann gäbe es keine verlässlichen, transparenten und schließlich gerechten und für alle gleichermaßen verbindlichen Rahmenbedingungen für die Beurteilung von Situationen. Und es gäbe auch keine klare Linie bei der Entwicklung und Umsetzung von Lösungen. Die Folge wäre ein unabgestimmtes willkürliches Verhalten aller Beteiligten. Sie benötigen also allgemeine Beurteilungskriterien für den Schwierigkeitsgrad einer Situation unabhängig von Ihrer gegenwärtigen persönlichen Lösungskompetenz. Versuchen Sie bitte, diese Kriterien zu definieren und ordnen Sie dann die Fallsituationen ein. Danach betrachten wir die notwendigen Werkzeuge und Kompetenzen, um diese Fälle sicher und erfolgreich lösen zu können.

Hier nun die zehn Fälle:

## 1. Tanja

… ist 35 Jahre alt und arbeitet im Order-Handling. Der Vertrieb hat den Verkauf von Komponenten-Produkten erhöht, die für lange Zeit keine hohe Priorität hatten. Der Vertrieb will diese Produkte als Türöffner nutzen. Die Lieferungen der einzelnen Komponenten werden von der Logistik-Abteilung koordiniert, die auch Tanja informieren soll, damit sie die Produktion termingerecht auslösen kann. Der zuständige Teamleiter in der Logistik, Gonzalez, ist neu in dieser Rolle und noch unsicher. Es hat sich ein erheblicher Rückstau gebildet. Während der letzten drei Monate war er nicht in der Lage, seine Aufgaben zu erledigen. Komponenten wurden im Lager angeliefert, ohne dass davon jemand wusste. In der Folge wurden Termine in der Produktion nicht eingehalten. Kunden beschweren sich. Der Vertrieb klagt ebenfalls, aber nicht über die Logistik-Abteilung, sondern über Tanja. Sie hat bereits mit Gonzalez gesprochen, aber ohne Erfolg. Tanja möchte dieses Problem nicht zu Lasten der Kunden austragen und steuert Teile des Logistik-Prozesses weiterhin selbst. Sie überprüft den Stand der Anlieferungen und stellt dadurch die Montage der Komponenten sicher. Gleichzeitig kommt sie ihren eigenen Aufgaben nicht mehr nach. Sie gleicht das mit Überstunden aus. Sie sind Tanjas Vorgesetzter, nicht der von Gonzalez. Sie haben die Situation bemerkt und möchten Tanja ansprechen. Ziel ist, dass sie die Aufgaben von Gonzalez nicht mehr übernimmt.

Leicht – Mittel – Schwierig – Grenzwertig?

## 2. Ludwig

… ist 52 Jahre alt und verfügt über viel Wissen und Erfahrung. Er ist einerseits detailorientiert, liefert sehr gute Arbeitsergebnisse und kaum jemand verfügt über mehr Kenntnisse als er. Andererseits ist es nicht leicht mit ihm zusammenzuarbeiten, weil er wenig zugänglich ist, anderen keine Hilfe anbietet und zum Ausdruck bringt, dass er manche Kollegen für wenig kompetent und engagiert hält. Ludwig soll nun sein Wissen an zwei neue Kollegen weitergeben, tut es aber nicht und findet viele Argumente dagegen. Ihm ist das auch bewusst. Er weiß, dass es für andere nicht einfach ist, mit ihm zu arbeiten. Trotzdem hält er alle, die nicht so gewissenhaft und detailorientiert sind wie er, für ungeeignet. Er fühlt sich nicht verpflichtet, sein Wissen und seine Erfahrungen mit diesen Personen zu teilen. Wenn jemand etwas wissen möchte, solle er doch fragen. Er sollte aber besser die richtigen Fragen stellen. Er sei ja schließlich nicht der Ausbilder dieser Leute. All das macht die Arbeit mit ihm nicht gerade einfach. Als sein Vorgesetzter ist Ihnen wichtig, dass Ludwig sein Wissen mit den beiden neuen Kollegen teilt. Sie suchen das Gespräch, befürchten aber, dass er Ihren Wunsch ablehnen wird.

Leicht – Mittel – Schwierig – Grenzwertig?

3. Susan

… ist eine erfolgreiche und innovative Mitarbeiterin, stets voller guter Ideen. Sie ist Ingenieurin und arbeitet an einem Spezialprojekt für einen wichtigen Kunden. Das Projekt läuft bereits zwei Jahre und Susan hat sichtbar die Lust daran verloren. Allerdings befindet sich das Projekt in der letzten Phase und muss in den nächsten drei Monaten ordnungsgemäß abgeschlossen werden. Solange wird Susans volles Engagement noch benötigt. Für die Zeit danach sind bereits neue Projekte in der Pipeline. Sie sind ihr Manager, haben herausgefunden, dass sie bereits ein neues Projekt gestartet hat und versucht, den »Turbostat ZX 3500« zu optimieren. Sie hat dazu aber von niemandem einen Auftrag erhalten. Ihr Ziel ist, dass sie das alte Projekt fachgerecht abschließt und sich danach dauerhaft in die Teamprozesse einbringt.

Leicht – Mittel – Schwierig – Grenzwertig?

### 4. Rudi

… verfügt über solides Fachwissen. Er baut Beziehungen auf und kooperiert mit anderen, um die Arbeit schnell zu erledigen. Er ist selbstsicher, aber nicht selbstbezogen. Er teilt sein Wissen gerne und reflektiert eigene und fremde Arbeit auf allseits geschätzte Weise. Er sucht immer Gelegenheiten, um zu lernen und sich zu verbessern. Auch unter Druck kann man sich auf ihn verlassen. Jetzt hat er plötzlich ein Problem. Seine neue Freundin startet ihr eigenes Geschäft. Sie baut und verkauft Surfbretter in einem Laden am Strand. Das Geschäft läuft von Freitagmittag bis Sonntagabend. Sie erwartet, dass Rudi sie dabei unterstützt. An den letzten drei Montagen kam Rudi erheblich zu spät zur Arbeit. Sie sind sein Vorgesetzter und haben das bemerkt. Da Rudi ein guter und ansonsten verlässlicher Mitarbeiter ist, ist ihm das selbst peinlich. Allerdings erwartet er auch Ihr Verständnis und Ihre Unterstützung. Sie machen den ersten Schritt und sprechen das Thema an.

Leicht – Mittel – Schwierig – Grenzwertig?

### 5. Daniel

… ist 32 Jahre alt und als Arbeitsjurist in der Personalabteilung tätig. Er ist frisch verheiratet, seine Frau ist schwanger und beide haben gerade mit Krediten ein Fertighaus gebaut. Als Jurist ist er hervorragend ausgebildet, Fälle zu analysieren und detaillierten fachkundigen Rat zu erteilen. Sein Aufgabenbereich wurde kürzlich erweitert. Er ist nunmehr verantwortlich für die Zusammenarbeit mit Betriebsräten und Gewerkschaften. In diesem Zusammenhang soll er Betriebsvereinbarungen vorbereiten, eigenverantwortlich verhandeln und abschließen. Dazu muss er strategische Entscheidungen treffen und mit Verhandlungsstärke umsetzen. Daniel verhält sich erkennbar unsicher, spricht dies aber nicht an, sondern tut so als wäre alles in Ordnung, »er hätte nur sehr viel zu tun« und vergräbt sich in den Akten laufender

Arbeitsgerichtsverfahren. Die dringenden Betriebsrats-themen kommen nicht voran. Der Betriebsrat beklagt sich bereits. Sie denken, dass es an der Zeit ist, mit Daniel zu sprechen.

Leicht – Mittel – Schwierig – Grenzwertig?

## 6. Herrmann

… arbeitet seit vielen Jahren als leitender Ingenieur für Entwicklung und Produktion hochwertiger Messgeräte. Hierfür werden auch Bauteile von externen Lieferanten benötigt, die von der Einkaufsabteilung beschafft werden. Der zuständige Einkaufsleiter hat von Herrmann Spezifikationen erhalten, Angebote eingeholt und darauf bestanden, kostengünstigste Produkte einzukaufen. Herrmann hat das deutlich abgelehnt und die Beschaffung selbst übernommen. Er hat dem Einkaufsleiter gesagt: »Das ist mein Gebiet. Da entscheide ich selbst. Ich weiß am besten, welche Bauteile wir brauchen. Halten Sie sich da raus.« Er hat sich mit der Zeit ein breites Netzwerk aufgebaut, auch mit Lieferanten, und das hat er jetzt genutzt. Preisabsprachen sind dabei nicht immer transparent. Herrmann hat mit den Lieferanten verhandelt und sich für bestimmte Produkte entschieden. Auch die Preise hat er verhandelt. Die Lieferanten haben sich ordnungsgemäß, wie sie das gewohnt sind, an den Einkauf gewandt, um sich Bestellnummern zu besorgen. Der Einkaufsleiter hat sich darüber irritiert gezeigt und den Lieferanten erklärt, dass sie zunächst einmal mit ihm verhandeln müssten. Die Lieferanten sind verwirrt. Alle beschweren sich. Herrmann trifft häufig selbständige Entscheidungen ohne seinen Chef zu informieren. Wenn er gefragt wird, lächelt er und sagt: »Ich weiß, ich bin ein harter Brocken. Ich lasse mir nicht von jedem reinreden. Deshalb bin ich auch so erfolgreich.« Sein Benehmen stößt bei anderen immer häufiger auf Kritik. Er verhält sich teilweise grob, unhöflich und dominant. Viele weichen ihm aus. Vor allem der Einkauf hat Schwierigkeiten,

Kompromisse mit ihm zu finden. Trotzdem sind seine Resultate gut und die Qualität, die er liefert, zuverlässig hoch. Sie – als Chef von Herrmann – haben davon erfahren und müssen jetzt handeln. Um ein Gespräch kommen Sie nicht mehr herum.

Leicht – Mittel – Schwierig – Grenzwertig?

## 7. Janina

… ist eine sehr effektive Mitarbeiterin. Sie ist schnell auf den Punkt, verschwendet keine Zeit und ist immer ziel- und ergebnisorientiert. Aufgrund zusätzlicher Kundenanforderungen und dringender Termine ist Janina unter Druck geraten. Sie können die Stresssignale deutlich sehen. Sie wird immer schneller, kommuniziert mit anderen, die sie im Leistungsprozess unterstützen könnten, immer weniger oder auf eine Weise, dass ihr keiner mehr folgen kann. Sie baut Überstunden auf. Ihre Leistung verliert Qualität. Vor drei Wochen hat dies begonnen und ein Ende ist nicht in Sicht. Sie sind ihr Manager. Ihr Ziel ist, dass Janina ein angemessenes Tempo findet und sich wieder mit allen Beteiligten sinnvoll abstimmt.

Leicht – Mittel – Schwierig – Grenzwertig?

## 8. Santosh

… leitet seit einem Jahr ein Team im Marketing und ist für globale Markenstrategie verantwortlich. Diese soll er für fünf Marken in sieben Ländern entwerfen. Er zögert jedoch, strategische Entscheidungen zu treffen. Dadurch ist ein Handlungsvakuum entstanden. Die jeweiligen Länderchefs haben begonnen, dieses Vakuum mit eigenen lokalen Strategien zu füllen. Dafür verwenden sie erhebliche Anteile des gemeinsamen Budgets. Santosh kommt regelmäßig zu Ihnen und fragt um Rat. In einem ungünstigen und ungeduldigen Moment haben Sie ihm gesagt, dass Sie ihm vertrauen, dass er unternehmerischer denken und mehr Entschlossenheit zeigen soll. Seitdem meldet er sich nicht mehr so häufig bei Ihnen. Mit der Markenstrategie kommt er aber auch nicht voran. Sie fürchten, dass Sie mit Santosh den Falschen eingestellt haben. Im schlimmsten Fall müssten Sie ihn ersetzen, was Zeit kostet und die Arbeiten weiter verzögern würde. Sie müssen jetzt mit ihm sprechen, gleichzeitig wollen Sie die Situation nicht verschlimmern.

Leicht – Mittel – Schwierig – Grenzwertig?

## 9. Karl-Heinz

… ist seit 24 Jahren in der Produktion tätig. Er hat gesundheitliche Probleme und Fehlzeiten von 30 Tagen pro Jahr. Er zeigt keinerlei Motivation, seine Kollegen zu unterstützen oder sich selbst weiterzuentwickeln. Insgesamt ist Karl-Heinz' Leistung mittelmäßig. Wenn es um Überstunden geht, findet er immer Ausreden. Wenn Sie ihn auf diese Punkte ansprechen wollen, weicht er aus. Man bekommt ihn nicht zu fassen. Er ist so, als ob er einem immer wieder durch die Finger rutscht. Jetzt brauchen Sie ihn aber für dringende Sonderarbeiten an zwei Samstagen. Sie befürchten, dass er die Überstunden mit fadenscheinigen Begründungen ablehnen wird.

Leicht – Mittel – Schwierig – Grenzwertig?

## 10. Mandy

… ist 36 Jahre alt, begann als Entwicklungsingenieurin und arbeitete während der letzten drei Jahre als Kundenberaterin. Vor sechs Monaten ist sie in Ihr Team gewechselt. Sie ist nicht im Team integriert und ihre Leistung entspricht nicht den Erwartungen. Während sie bisher nur ankommende Anrufe bearbeitet hat [Inbound], muss sie jetzt aktiv nach außen [Outbound] telefonieren. Sie soll inaktive Kunden und potentielle Neukunden über Produktentwicklungen informieren und Geschäfte anbahnen. Mandy fühlt sich nicht wohl mit ihrer neuen Aufgabe; denn sie möchte nicht als »Klinkenputzerin«

wahrgenommen werden. Sie trauen ihr das ohne Einschränkungen zu und empfinden diese zusätzlichen Aufgaben als Bereicherung für ihr Jobprofil. Grundsätzlich ist sie weder leistungsschwach noch leistungsunwillig. Sie erledigt ihre Arbeiten aber immer noch wie früher und geht auch mit ihren alten Kolleginnen und Kollegen zum Mittagsessen. Ihre Leistungen sind entsprechend mittelmäßig und ihre neuen Kollegen ignorieren sie zunehmend. Es gab bereits einen Konflikt. Mandy hatten einen Kunden am Telefon, der sich offensichtlich im Ton vergriffen hatte. Mandy reagierte schroff und beendete das Gespräch ärgerlich. Ein Kollege sah das und wollte ihr dazu einen Rat geben. Sie wies ihn zurecht, dass ihn das nichts anginge und er solle sich um seine eigenen Dinge kümmern. Irgendjemand nannte sie eine Zicke. Aber dafür gibt es keine Zeugen. Sie haben das mitbekommen und müssen jetzt etwas tun.

Leicht – Mittel – Schwierig – Grenzwertig?

Bitte bewerten Sie jetzt den Schwierigkeitsgrad dieser Situationen und versuchen Sie, für Ihre Einordnung sachliche und unterscheidbare Kriterien zu benennen.

[…]

## Leitfaden zum »Case Coaching«

1. Was ist Ihr Ziel? Was möchten Sie erreichen?

2. Beschreiben Sie die Situation.

3. Welche Personen sind beteiligt?

4. Beschreiben Sie die Verhaltensweisen der beteiligten Personen.

5. Wer soll am Ende JA zu Ihrem Ziel sagen? Mit welcher Person müssen Sie zuerst sprechen?

6. Profiling der Zielperson.

6.1 Fünf Persönlichkeitstypen [MOBIL]
Komfortzone: Welche authentischen Persönlichkeitsanteile erkennen Sie?
Konfliktzone: Ist die Person im Abwehrmodus? Woran erkennen Sie dies?

6.2 Signale
Welche Signale nehmen Sie wahr? Wie verhält sich die Person, was sagt sie, welche Worte verwendet sie? Wie würden Sie dieses Verhalten umgangssprachlich benennen?

6.3 Bedürfnisse und Befürchtungen
Was sind die Bedürfnisse der Zielperson? Was möchte sie erreichen? Was ist ihr wichtig? Was sind die Befürchtungen der Zielperson? Was möchte sie vermeiden?

6.4 Scan 1
Was erkennen Sie, wenn Sie die Zielperson bewusst mit den Scan-Kriterien vergleichen? Ist die Person offen und klar »im gleichen Raum« mit Ihnen oder befindet sie sich in einer eigenen »Filterblase«? Gibt es relevante Ähnlichkeiten? Gibt es relevante Unterschiede?

### 6.5 Kontaktgrad

Welchen Kontaktgrad haben Sie wechselseitig? Wie schätzen Sie den Grad des Vertrauens ein?

### 6.6 Scan 2

Wenn die andere Person Sie mit den Scan-Kriterien vergleichen würde, was würde sie bei Ihnen sehen? Was denkt sie über Sie? Was empfindet sie Ihnen gegenüber?

7. Wenn Sie nun noch einmal auf Ihr Ziel schauen, was hat sich dann verändert? Was ist jetzt Ihr Ziel?

8. Wie wird das Gespräch verlaufen? Was werden Sie sagen und ansprechen? Wie wird die Zielperson darauf reagieren? Welche Argumente, Entgegnungen oder Ausreden können Sie bereits jetzt vorhersehen?

9. Welche Gesprächsstrategie wählen Sie jetzt? Welche Gesprächsstrategie erscheint jetzt am aussichtsreichsten?

10. Gespräch führen und Strategie testen.

11. Wirkung, Ergebnis und Grad der Zielerreichung bewerten.

12. Welche Gesprächsstrategie ist für das Folgegespräch am erfolgversprechendsten?

## 2. Leseprobe

Manuel Jork

### Der Situations-Navigator – Band 2

### Wie Sie Teams in komplexen Szenarien zu selbstorganisiertem Denken und Handeln führen

### Bevor Sie sich entscheiden, ein Team zu führen

Menschen werden nicht als Teamleiter geboren. Niemand beginnt seine Laufbahn als Führungskraft. Jeder fängt mit der ersten Sprosse der Karriere-Leiter an und entwickelt sich idealerweise zu einem Experten in seinem Tätigkeitsfeld. Erfüllt er seine Aufgaben auffällig gut, wird er als Talent entdeckt und erhält ein Angebot für die Aufgabe eines Teamleiters.

[…]

Es gibt jedoch Hürden und Herausforderungen. Es geht nicht nur darum, einzelne Personen zu führen, sondern Menschen dafür zu gewinnen, gemeinsam zu denken und zu handeln. Im Situations-Navigator Band 1 ging es um Einzelgespräche mit Mitarbeitern, um Auflösen von Widerständen, um konstruktiven Dialog und verlässliche Vereinbarungen zwischen Managern und deren Mitarbeitern [1]. Hier geht es nun darum, wie aus einzelnen Mitarbeitern handlungsfähige Teams werden und wie sich diese Mitarbeiter untereinander verbinden, verpflichten, möglichst autonom und eigenverantwortlich Lösungen für Problemstellungen finden, Entscheidungen treffen und wirtschaftlich wertvolle Ergebnisse erreichen.

------------------------------------------------------------

[1] Manuel Jork, Der Situations-Navigator 1, BoD 2022

Es geht um die Gestaltung von wirksamer Kooperation zwischen Team-Mitgliedern. Hier befinden sich Führungskräfte auf einer höheren Stufe der Komplexität. Der Schritt vom Experten zum Teamleiter und die weiteren Schritte entlang der Karriere-Pipeline [2] werden oft unterschätzt. Das Gefühl Experte zu sein, verleiht Sicherheit und Selbstvertrauen und ist die Grundlage für den Selbstwert einer Person.

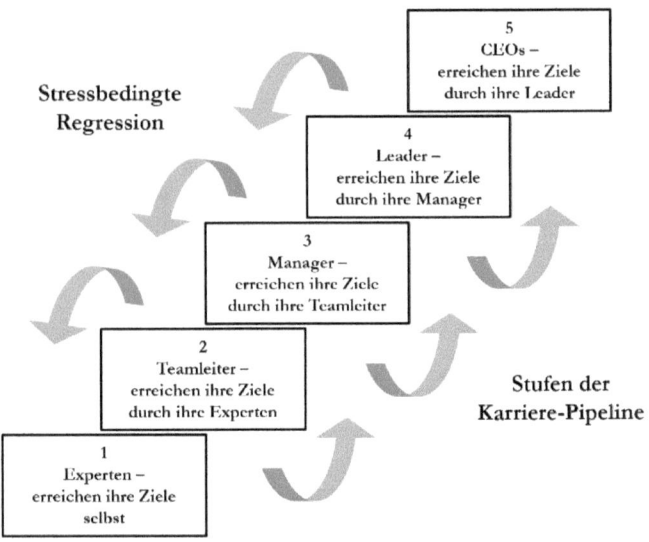

Mit jedem Karriereschritt müssen Sicherheit, Selbstvertrauen und Selbstwert neu erarbeitet und gegründet werden. Hier sind Führungskräfte verletzbar. Geraten sie nun unter Druck und Belastung, erreichen sie

------------------------------------------------------------------------

[2] Ram Charan, Steve Drotter, Jim Noel, The Leadership Pipeline, How to Build the Leadership Powered Company, Jossey-Bass, 2011

früher oder später ein kritisches Stress-Level und ihr Autopilot setzt ein. Dann suchen sie instinktiv den Ort, der ihnen die größte Sicherheit bietet: Zurück zur Expertenrolle und selber machen. Sie regredieren in einen früheren Zustand. Dies ist eine besondere Form des Ausweichens vor der eigenen Rolle und gleichzeitigen Übergriffs auf die legitimen Rollen anderer. Dadurch entsteht auf der einen Seite ein Vakuum im eigenen Aufgabenfeld und eine deutliche Störung in den Aufgabenfeldern anderer. Das gesamte System gerät auf diese Weise aus dem Gleichgewicht.

Wie Sie Ihre Rolle einnehmen, auch unter widrigen Umständen halten und jederzeit wirksam interpretieren können, erfahren Sie nun im Situations-Navigator Band 2.

## Teil 1
### Die Suchmaschine

Auch hier verwenden wir wieder die Suchmaschine:

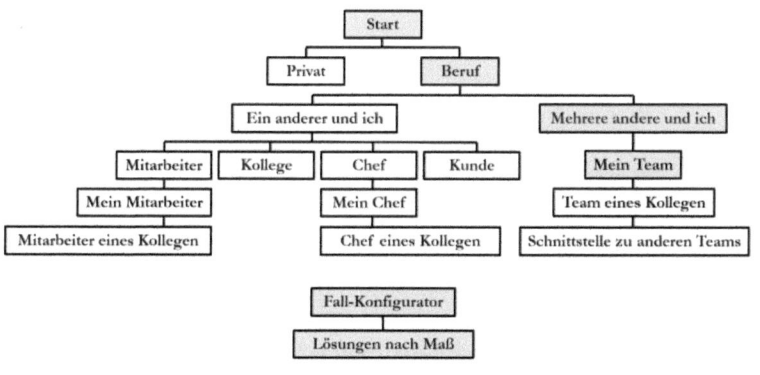

Wir folgen diesmal dem Pfad: Start – Beruf – Mehrere andere und ich – Mein Team – Fall-Konfigurator – Lösungen nach Maß.

## 01
## Der Unterschied

Zwischen dem Führen einzelner Personen und dem Führen von Teams gibt es einen entscheidenden Unterschied. Während wir im Eins-zu-eins eine sehr direkte Gesprächsführung verfolgen, vom Ziel bis zum Ja-Wort, geht es beim Führen von Teams darum, die einzelnen Team-Mitglieder so miteinander zu verbinden, dass sie eigenständig kooperieren. Wie in der Karriere-Pipeline angedeutet erreichen Sie Ihre Ziele durch das erfolgreiche Zusammenwirken Ihrer Mitarbeiter. Sie geben also die direkte Kontrolle über die Zielerreichung aus der Hand und delegieren sie an die Team-Mitglieder. Dies erfordert ein hohes Maß an Selbstvertrauen und interaktiver Gestaltungskraft. Es erfordert vor allem eine andere Art der Wahrnehmung. Es ist nicht mehr allein ausreichend, seinem Gesprächspartner gegenüber aufmerksam zu sein, seine inneren Prozesse wahrzunehmen und sie zu begleiten. Nun müssen viel komplexere und häufig schwer erkennbare Wechselwirkungen zwischen unterschiedlichen Persönlichkeiten vorausgeahnt, gesehen und eingeordnet werden. Und dann stellt sich die Frage auf welche Weise kollektive Dynamiken angesprochen und beeinflusst werden können. An dieser Stelle beginnt ein neues Kapitel der Führungsarbeit. Ein Fall für den »SitNAV 2«.

Auch diese nächste Stufe des Situations-Navigators wendet sich nicht nur an offizielle Führungskräfte, sondern möchte jedem Mitarbeiter und jedem Team-Mitglied die Komplexität des eigenen Arbeitsumfelds transparent machen, die eigene Wahrnehmung schärfen und die Selbstwirksamkeit erhöhen.

Teams entwickeln sich in Phasen. Wenn diese Phasen erkannt werden, können sich alle Beteiligten jederzeit verorten, ihren aktuellen Bedarf benennen und sich wechselseitig unterstützen; sie können die geeigneten Interaktionen definieren und die Übergänge zu den nächsten Phasen einleiten. Am Ende dieses Entwicklungsprozesses steht Selbst-Organisation von Teams mit hoher Selbst-Wirksamkeit.

## 02
## Das erweiterte Teamphasen-Modell

Bruce Tuckman [1938 – 2016] veröffentlichte 1965 ein Phasenmodell für Gruppenentwicklungen, das vier Phasen unterschied: »Forming«, »Storming«, »Norming«, »Performing [3]. Dieses Modell haben wir erweitert. Die Phasen »Forming«, »Storming« und »Norming« betrachten wir als eine Einheit, die zusammengefasst die sogenannte Start-Phase [»Booting Phase«] bildet. Die »Performing«-Phase haben wir aufgegliedert und erweitert. Die zusätzlichen Gruppenzustände »Die Krisen«, »Nach der Krise«, »Stabile Routine« und »Langweilige Routine« vervollständigen das Modell.

-----------------------------------------------------------------------

[3] Bruce W. Tuckman: Developmental sequence in small groups. In: Psychological Bulletin. 63, 1965, S. 384–399.

**Start**
**(Booting Phase)**

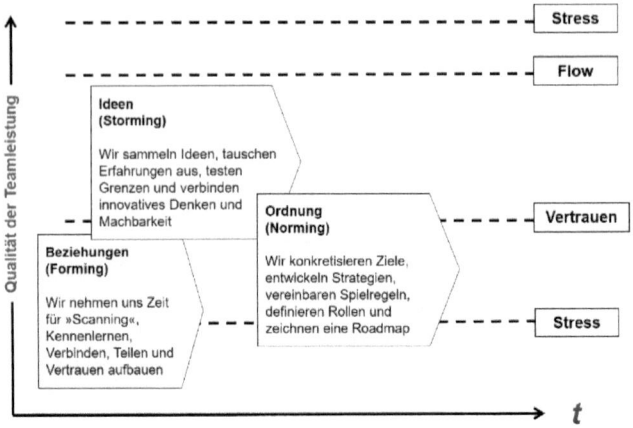

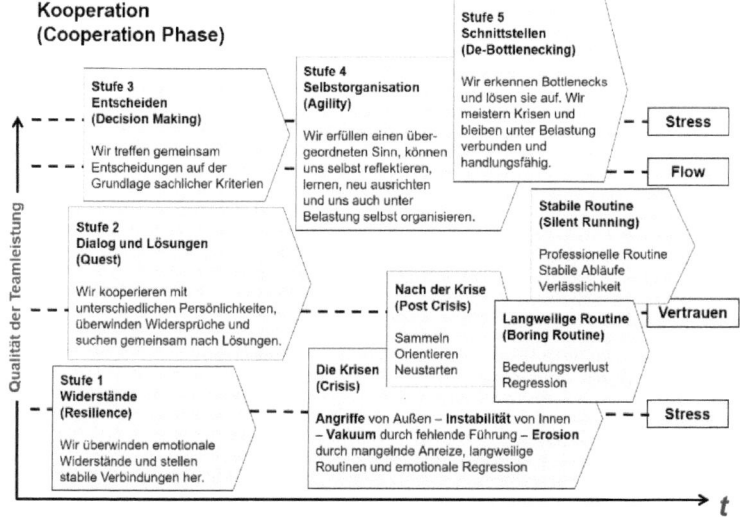

Im Einzelnen sieht dies wie folgt aus:

## 1. Die Beziehungen [Forming]

Menschen scannen Menschen [4]. Dieses innere Radar läuft insbesondere in der ersten Phase der Teambildung auf Hochtouren. Angenommen Sie bilden ein neues Team bestehend aus 10 Mitgliedern, die sich noch nicht kennengelernt haben. Es ist Tag 1. Alle kommen in einem Tagungsraum zum ersten Mal zusammen.

[…]

---

[4] Manuel Jork, Artgerechte Haltung von Menschen, BoD 2019, Seiten 20 ff

## 03
## Die Top-Ten-Team-Szenarien

Nachfolgend finden Sie zehn typische Situationen, die die Komplexität von Gruppendynamiken veranschaulichen und Führungskräften ein hohes Maß an Präsenz, Aufmerksamkeit, klarer Wahrnehmung, gutem Timing und präziser, mutiger Interaktionskraft abverlangen. Prüfen Sie bitte, ob Sie Phasenzustände erkennen können, wobei Teams unter Belastung oder nicht so aufmerksamer Führung dazu neigen, in kleinere Untergruppen zu zerfallen. In einem Team laufen dann unterschiedliche Phasen parallel ab. Und überlegen Sie, was Sie in einer solchen Situation tun würden und welche Wirkungen Sie dabei erwarten.

Hier nun die zehn Fälle:

## 1. Selbstorganisation im Vakuum

Wir beginnen mit dem Universal-Fall. Wenn wir aus einer Meta-Position auf Menschen schauen, sehen wir fünf verschiedene Persönlichkeits-Typen [5], die sich darum bemühen, Ordnung und Kooperation im unvermeidlichen Vakuum selbst zu organisieren. Die erstaunliche Realität ist, dass sich Menschen immer in einem Zustand der Selbstorganisation befunden haben und weiterhin befinden werden.

[…]

Die Aufgabe von Führungskräften besteht darin, dieses Vakuum zu füllen; strukturiert, rollengerecht und mit dem Ziel, einen Raum zu schaffen und aufrechtzuerhalten, in

-------------------------------------------------------------------------

[5] Manuel Jork, Artgerechte Haltung von Menschen, BoD 2019, Seiten 34 ff

welchem Menschen ihre innewohnenden Potentiale kooperativ zur Entfaltung bringen können. Dies ist ein hoher Anspruch. Viele Führungskräfte erfüllen diesen Anspruch nicht oder nur teilweise. Dann geschieht folgendes:

Wir befinden uns in der Marketing-Abteilung der BRIGHT LIGHT FUTURE Deutschland GmbH, ein Unternehmen, das Beleuchtungssysteme für Wohnräume, Büros, Produktionsstätten, Baustellen, Schiffe, Parkhäuser, öffentliche Plätze und Sportstätten herstellt. Die Zentrale befindet sich in den USA. Das Unternehmen produziert acht Produktgruppen mit insgesamt 5.000 unterschiedlichen Produkten. Im Marketing arbeiten 65 Mitarbeiter und Mitarbeiterinnen in fünf Teams mit insgesamt drei Team-Leitern und einem Marketing-Chef. Dieser ist gerade 62 Jahre alt geworden, befindet sich schon lange in der Kritik, weil es ihm an neuen Ideen und dem nötigen Schwung fehlt und er gleichzeitig den Ideenreichtum seiner Mitarbeiter deckelt. Er scheidet in drei Monaten aus. Die Team-Leiter sind: Mark Hauser, 45 Jahre, seit 16 Jahren im Unternehmen und als Persönlichkeit sehr strukturiert, detailorientiert und vorsichtig. Er leitet zwei Teams. Hans-Günter Kleindienst, 52 Jahre, 12 Jahre im Unternehmen, beziehungsorientiert, freundlich und eher beschwichtigend. Er leitet ebenfalls zwei Teams, ist damit jedoch überfordert. Sowie Kimberley Tucker, 28 Jahre, deutsch-amerikanerin, seit 3 Jahren im Unternehmen, leistungs- und innovations-orientiert, ideenreich, schnell und ungeduldig. Sie leitet das fünfte Team, möchte aber künftig mehr Einfluss nehmen.

Die durchschnittliche Betriebszugehörigkeit der Mitarbeiter in der Marketing-Abteilung beträgt 14 Jahre. Der Einfluss der amerikanischen Muttergesellschaft ist allgegenwärtig und wird oft als Grund angegeben, warum man bisher eher auf ein konservatives Marketing gesetzt hat. Dass der alte Chef in den Ruhestand geht, wird hinter vorgehaltener Hand auf der einen Seite als Erleichterung empfunden, auf der anderen Seite herrscht Verunsicherung über dessen Nachfolge. Mark sagt mehr oder weniger öffentlich, dass ihm egal sei, wer Nachfolger wird. Insgeheim erwartet er, dass man ihm diese Aufgabe anbieten werde. Hans-Günter geht positiv gestimmt in die nächsten Wochen. Kimberley kann die Veränderung kaum noch erwarten. Sie hofft auf einen deutlichen Wandel. Die Mitarbeiter von Mark verhalten sich eher geduckt. Die Mitarbeiter von Hans-Günter machen ihre Arbeit stets auf gewohnte Weise und hoffen darauf, dass sich nicht viel verändern möge. Die Mitarbeiter von Kimberley sind motiviert und voller Initiative, die aber vom Umfeld, insbesondere von den amerikanischen Einflussnahmen immer wieder frustriert wird. Sie hoffen auf mehr Freiräume.

Sie sind heute Team-Leiter eines ähnlichen Unternehmens und möchten den nächsten Karriere-Schritt machen. Ein Headhunter hat Ihnen ein Gespräch mit dem CEO der BRIGHT LIGHT FUTURE Deutschland GmbH vermittelt, der Ihnen die Nachfolge des ausscheidenden Marketing-Chefs angeboten hat. Möchten Sie die Stelle annehmen? Hätten Sie einen Plan für die ersten 100 Tage?

2. Sebastian

… ist neuer Team-Leiter in einer der Werkstätten. Er ist 32 Jahre alt und wurde intern rekrutiert, um auf der einen Seite einer jungen Nachwuchsführungskraft Entwicklungs-chancen zu eröffnen und auf der anderen Seite »frischen Wind« in die Abteilung zu bringen. In dieser Werkstatt arbeiten fünf Mitarbeiter.

- Lothar, 55 Jahre alt, 28 Jahre im Unternehmen, ordnungsorientierter Persönlichkeitstyp, hat »alles gesehen«, solide, sorgfältig, aber auch kritisch;
- Günther, 52 Jahre alt, 17 Jahre im Unternehmen, ebenfalls ein ordnungsorientierter Persönlichkeitstyp, routiniert, eher desillusioniert, abwartend, skeptisch;

- Florian, 47 Jahre alt, 12 Jahre im Unternehmen, ein Beziehungsmensch, ruhig, freundlich, hilfsbereit, drängt sich aber nicht in den Vordergrund und übernimmt ungern die Initiative;
- Acarbey, 29 Jahre alt, 5 Jahre im Unternehmen, ein Beziehungs- und Leistungsmensch, aktiv, freundlich, empfindet Lothar und Günther als Respektspersonen und gleichzeitig auch als zu »altmodisch« und unbeweglich, würde sie aber nicht offen kritisieren; und
- Mehdi, 25 Jahre alt, 2 Jahre im Unternehmen, ein leistungsorientierter Persönlichkeitstyp, sehr agil, redet viel, immer in Bewegung, jedoch nicht immer mit der gewünschten Sorgfalt und Qualität.

Der Vorgänger von Sebastian hat die Abteilung zusammengehalten und die Arbeitsleistungen im normalen Rahmen sichergestellt. Mehr aber nicht. Die Stimmung war von stabiler und zuweilen langweiliger Routine geprägt, wobei niemand etwas daran ändern wollte. Der sekundäre Nutzen dieses Zustands lag in den damit verbundenen gewohnten Bahnen, der Bequemlichkeit und gefühlten Sicherheit. Der Vorgänger hat das Unternehmen vor 4 Monaten verlassen. Seitdem gab es keinen Team-Leiter. Zum einen nahm die Suche eines Nachfolgers Zeit in Anspruch. Zum anderen konnte das Team »auch mal für eine Weile alleine zurechtkommen.«

Sebastian ist seit 16 Jahren im Unternehmen, hat dort auch gelernt, seitdem ordentlich aber eher unauffällig seine Arbeit gemacht und ist erst vor einigen Jahren als mögliche Nachwuchsführungskraft ins Blickfeld der Personalabteilung gelangt. Er ist ein ordnungs- und beziehungsorientierter Persönlichkeitstyp, eher zurückhaltend und nach außen hin wenig selbstbewusst. Die Verantwortlichen der Personalabteilung und der Leiter der Werkstätten waren aber der Meinung, dass Sebastian über genügend Fachwissen verfügt und »das schon machen werde und außerdem ist die Abteilung ja auch nicht so groß.« Sebastians erste Wochen waren für ihn unangenehm.

Lothar und Günther begegneten ihm mit Zurückhaltung. Sie signalisierten ihm, dass er sie einfach weitermachen lassen solle wie bisher. Im Übrigen würde man nicht wissen, welchen Mehrwert er als Team-Leiter für zwei »alte Hasen« beitragen könne. Es läuft ja alles gut so wie es ist. Florian verhält sich freundlich, bleibt aber in Deckung, weil er keine Konflikte mit Lothar und Günther haben möchte. Acarbey und Mehdi grinsen über diese Situation, mischen sich aber nicht ein und warten ab wie sich die Situation mit Sebastian entwickeln wird.

Sebastian hat versucht, sich ein paar Mal deutlich Gehör zu verschaffen, um die Stimmung, Qualität und Motivation anzusprechen, prallte aber immer wieder an der »Es-ist-doch-alles-gut-so-Wand« ab. Bei der Urlaubsplanung gab es Konflikte. Sebastian erklärte dies dann zur Chefsache, aktivierte Dominanzverhalten, weil er dachte, sich nur so behaupten zu können und bestimmte die Planung über alle Köpfe hinweg. Seitdem sind fast alle verärgert. Man geht sich aus dem Weg. Sebastian ist unfreundlicher, abgegrenzter und autoritärer geworden. Lothar und Günther erschüttert dies nicht, sondern bestätigt eher deren Voreingenommenheit. Es gibt erste Beschwerden, die vom Leiter der Werkstätten wahrgenommen worden sind. Was müsste er tun, um die Situationen zu retten?

3.
Zwei Kolleginnen der Einkaufsabteilung sprechen nicht mehr miteinander. Julia klagt viel über andere, verbreitet eine eher negative Stimmung und macht aus der Sicht ihrer Kollegen »Dienst nach Vorschrift«, ist nicht hilfsbereit, eher abgrenzend und auch die Qualität ihrer Leistung ist nur mittelmäßig. Corinna arbeitet sorgfältig und zügig. Sie benötigt hin und wieder Zuarbeiten von Julia, die dies aber nicht beachtet und es deshalb häufiger zu Auseinandersetzungen gekommen ist. Die Stimmung hat sich verschlechtert. Beide vermeiden den Kontakt. Der Chef hat dies wahrgenommen und beide zu einem gemeinsamen

Gespräch eingeladen. Danach waren beide noch verärgerter. Die Situation eskaliert. Was würden Sie jetzt tun?

4.

Zwei Kollegen haben eine Abneigung entwickelt, zusammenzuarbeiten. Beide sind grundsätzlich kompetente und verlässliche Mitarbeiter. Georg ist ordnungsorientiert und eher introvertiert, möchte in Ruhe arbeiten, nicht gestört werden und Sachthemen strukturiert und im Detail erörtern. Fabian ist ein extrovertierter Leistungstyp, immer aktiv, redet viel, möchte seine Aufgaben schnell erledigen und wenn er von Georg Informationen benötigt – was häufig vorkommt – möchte er nicht lange diskutieren, sondern schnelle Antworten erhalten. Beide sind voneinander genervt. Was würden Sie als Chef tun, um diese Situation zu entschärfen und die Zusammenarbeit von beiden zu fördern? Falls Sie die spontane Idee haben sollten, beide räumlich zu trennen: Diese Option ist leider nicht gegeben. Es gibt noch eine zweite instinktive Versuchung. Diese klingt so: »Georg, Du musst ein bisschen mehr aus Dir herauskommen. Fabian, mach' doch mal etwas langsamer«. Damit würden Sie jedoch beide Mitarbeiter in ihrer Individualität nivellieren, einen Durchschnittszustand erzeugen und die Potentialentfaltung durch Kooperation möglichst unterschiedlicher Persönlichkeiten vermindern. Es muss eine andere Lösung geben.

5.

Sie führen ein Team mit 8 Mitarbeiterinnen und Mitarbeitern, die die »Booting-Phase« gut gemeistert haben und sich nun auf Stufe 2 der Kooperationsphase befinden. In schwierigen Situationen bleibt das Team verbunden und sucht nach Lösungswegen. Sie bemerken jedoch, dass sich das Team schwertut, Entscheidungen zu treffen. Team-Meetings dauern sehr lange, enden in Diskussionsschleifen. Durchdachte und praktikable Entscheidungsvorlagen kommen nicht zustande. Was können Sie tun, um das Team weiterzuentwickeln?

6.

Das gleiche Team: Ein Mitarbeiter ist dauerkrank, darf jedoch aufgrund von Stellenrestriktionen nicht ersetzt werden. Eine weitere Mitarbeiterin hat gekündigt. Auch diese Stelle dürfen Sie nicht neubesetzen. Was ist jetzt zu tun?

7.

Das gleiche Team: Die Teamzusammensetzung nach Persönlichkeitstypen sieht wie folgt aus:

- Sabine, Ordnung, 46 Jahre alt, 14 Jahre im Betrieb;
- Carola, Ordnung, 42 Jahre alt, 2 Jahre im Betrieb;
- Aleyna, Beziehung, 38 Jahre alt, 5 Jahre im Betrieb;
- Ferdinand, Ordnung, 52 Jahre alt, 22 Jahre im Betrieb;
- Hans-Peter, Beziehung, 32 Jahre alt, 4 Jahre dabei;
- Karoly, Leistung, 28 Jahre alt, seit 2 Jahren dabei.

Wie schätzen Sie – ohne weitere Informationen – die möglichen Interaktions-Dynamiken dieses Teams unter den gegebenen Bedingungen ein – ein Kollege dauerkrank, eine Kollegin hat gekündigt und steht auch nicht mehr zur Verfügung und Sie als Chef müssen für drei Monate eine wichtige Zusatzaufgabe an einem anderen Standort bewältigen.

8.

Sie stellen nun drei neue Mitarbeiter ein.
- Antje, Leistung, 27 Jahre alt;
- Monique, Leistung und Beziehung, 32 Jahre alt;
- Kaspar, Innovation, 34 Jahre alt.

Wie schätzen Sie den möglichen Einfluss dieser neuen Mitarbeiter auf die Team-Dynamiken ein und auf welche

Weise würden Sie alle Beteiligten mit dem Blick auf die Team-Phasen führen und begleiten?

9.

Was wäre, wenn Monique wieder kündigen würde und Sie die freiwerdende Stelle mit Julius, einem Kollegen aus einer anderen Abteilung, ersetzen würden?
- Julius, Territorium, 38 Jahre alt, bereits seit 9 Jahren im Unternehmen und es eilt ihm der Ruf voraus, kompetent, aber »nicht ganz einfach« zu sein.

10.

Was würden Sie tun, wenn dieses Team nun in eine Krise geraten würde? Nehmen wir folgendes Szenario an: Ihr Team und ein entsprechendes anderes Team sind im Beschaffungswesen tätig. Ihr Team ist zuständig für Beschaffungen innerhalb des europäischen Raums bis zu einem Bestellwert von € 250.000. Das andere Team ist zuständig für Beschaffungen außerhalb Europas und für alle Beschaffungen über € 250.000. Nun hat Sie das Management – ausnahmsweise sehr frühzeitig – darüber informiert, dass es beabsichtigt, in 6 Monaten eine Unternehmensberatung damit zu beauftragen, mögliche Rationalisierungsfelder zu identifizieren und Lösungs-vorschläge zu entwickeln. Die Umsetzung dieser Lösungsvorschläge wird voraussichtlich nach weiteren 3 Monaten erfolgen. Sie haben dies Ihrem Team mitgeteilt. Alle sind aufgeregt und verunsichert. Jeder rechnet damit, dass beide Teams zusammengelegt und Stellen abgebaut werden sollen. Auch Sie selbst fürchten, dass Ihre Stelle zur Disposition kommen wird. Eine Konkurrenzsituation mit Ihrem Kollegen erscheint unausweichlich. Dies ist ein Beispiel für die Teamphase »Krise/Instabilität«. Wie gehen Sie mit dieser Situation um?

[ … ]

# Der Corona-Nachschlag

Juni 2020

Wir erleben gegenwärtig die Inhalte dieses Buchs live und in allen Spielarten. Durch Corona lernen wir aber auch überraschend viel Positives:

- Ein Virus kann uns nicht am Zusammenarbeiten hindern,
- wir halten Abstand und achten gleichzeitig aufeinander,
- wir erkennen die Bedeutung realer Nähe,
- wir fokussieren uns auf das Wesentliche,
- wir versuchen, Fehler und Doppelarbeiten zu vermeiden,
- wir bemühen uns, es anderen leichter zu machen.

In den Mittelpunkt rücken Kontakt, Vertrauen und Kooperation. Gleichzeitig bereiten wir uns genauer vor, planen sorgfältiger, halten uns an verabredete Strukturen und Abläufe und werden bei aller notwendigen Disziplin plötzlich lockerer, ungezwungener und persönlicher. Und wir nehmen uns mehr Zeit füreinander. Zeit, die wir aber sorgfältiger nutzen. Zeitverschwendung nimmt ab. Wie überhaupt Verschwendungen bewusster wahrgenommen werden.

Dies sind beachtliche Entwicklungen. Vor allem das Bedürfnis nach realer physischer Nähe ist überraschend. Betrachten wir dies mit dem Blick auf unser unbewusstes Radar, unseren Scan. Dies ist eine Gehirnfunktion. Unser Gehirn hat sich seit etwa 150.000 Jahren nicht weiterentwickelt. Es braucht für ein sicheres Scan-Gefühl physische Präsenz der Zielpersonen. Das Bild einer Person auf einem Monitor erzeugt dieses Gefühl nicht vollständig. Der Scan läuft weiter, die Suche endet nicht und es bleibt ein Unbehagen bestehen, das letztlich die weiteren Interaktionen belastet. Funktionieren kann dies nur, wenn die Online-Gesprächspartner ein echtes gemeinsames Anliegen verfolgen und gemeinsam nach Lösungen suchen. Direkt, ohne Umwege und vor allem ohne »hidden agendas«. Physische Begegnungen bleiben deshalb weiterhin wichtig und notwendig. Claudia Hammond [The Touch Test] hat in der BBC hat zum Thema »Physische Begegnungen und Berührungen« folgendes veröffentlicht:

- Wir benötigen Nähe und vor allem Berührungen für unser Wohlgefühl, weil wir den Sinn für Berührung als ersten Sinn überhaupt entwickeln. Im Mutterleib. Noch bevor wir hören, riechen und schmecken.

- Die Haut ist unser größtes Sinnesorgan. Feine Sensoren spüren Druck, Vibrationen, Temperatur, Schmerz und Wohlbehagen.

- Unser Körper verwendet unterschiedliche Nervenzellen, um unterschiedliche Berührungen wahrzunehmen und einzuordnen.

- Freundliche Berührungen durch andere reduzieren unser Stresserleben. Dies gilt für kleine Kinder genauso wie für Erwachsene.


Ich habe Führungskräfte zu ihren Vorgehensweisen und Erfahrungen in der gegenwärtigen berührungslosen Arbeitswelt befragt und sie teilen folgendes mit:

- Jeden zweiten Tag um 8.00 Uhr beginnen wir den Tag im Leadership-Team via MS Teams. Kamera an. Wir sehen uns. Wir sprechen aktuelle Themen an.

- Wir tun dies viel regelmäßiger als sonst.

- Dadurch gibt es auch mehr Zeit für Persönliches. Wir laden zu Virtual Coffees und Virtual Lunches ein. Es gibt auch schon Happy Hours, freitags um 18.00 Uhr mit einem Glas Wein. Kamera an. Essen und reden.

- Auch Ganztagsmeetings werden virtuell durchgeführt. Der, der spricht hat die Kamera an. Dadurch entsteht ein weiterer persönliche Fokus.

- Das Ein- und Ausschalten der Kameras wird zu einem neuen Ritual, das weitere Einblicke ins persönliche Umfeld ermöglicht.

- Wir arbeiten live an Dokumenten, teilen den Screen, arbeiten zusammen. Wir sehen uns, denken und handeln gemeinsam.

- Durch die intensiven Telefonkontakte werden Stimme, Klang und Rhythmus nun viel stärker wahrgenommen. Wir lernen gerade die Aussagen in Telefonaten stärker zu akzentuieren und Telefonate im Nachgang zu reflektieren.

- Physische Meetings führen wir mit Abstand durch. Vier Personen befinden sich im Raum, mit jeweils zwei Meter Abstand. Andere werden via MS Teams hinzugeschaltet. International von Dubai bis Dublin.

- Interessant finde ich die Interaktion mit dem Betriebsrat in diesen Zeiten. Es sieht fast so aus, als wenn dies einfacher geworden ist.

Für das Lernen in Organisationen verändert sich die Dosierung der Medien und Methoden. Wissensvermittlung im »Classroom« wird abnehmen. Alles was jemand, für ihn passend aufbereitet, selbst lernen kann, wird aus Workshops und Trainings ausgelagert. Nur für das Unverzichtbare bleiben diese gewohnten Formate erhalten: Persönliches Onboarding, Kontakt und Vertrauen (»Forming«) und das Üben von Methoden und Führungs- und Verhandlungsinstrumenten.

Wissensvermittlung
durch Selbstlernen

Workshops vor Ort

Online-Interaktionen

Follow Up

Hotline

Bisher

Nach Corona

Eines wissen wir schon jetzt: Wir werden mehr Zeit für persönlichen Austausch verwenden. Wir werden innehalten, entschleunigen und all die Dinge aussortieren, die uns unnötig aufhalten und belasten. Wir werden nicht mehr »vermeiden« können. Wir werden freundlich, klar, strukturiert, ideenreich und konsequent gemeinsam denken und handeln. Wir werden es uns wechselseitig leichter machen.

»Wir üben, lernen und entwickeln uns.«

– Nobert Reiter
Nestlé Nutrition GmbH
Vorsitzender der Geschäftsführung

## Manuel Jork

… wurde 1955 in Berlin geboren, hat an der FU-Berlin Jura studiert und im Anschluss daran von 1982 bis 2000 als Rechtsanwalt und Personalleiter in Berlin und Frankfurt am Main gearbeitet. 1990 begann seine Tätigkeit als Berater und Coach. Er begleitet Führungskräfte und Verhandlungsprofis in Grenzbereichen und ist darauf spezialisiert, in komplexen und unübersichtlichen Szenarien Kooperation zwischen unterschiedlichen Menschen und Abteilungen herzustellen. Sein Fokus liegt auf Schnittstellen in Unternehmen. Arbeitsrecht und Psychotherapie verbindet er mit Organisations- und Führungskräfteentwicklung. Gemeinsam mit einem Schweizer Unternehmen hat er ein internationales Führungsprogramm entwickelt, das weltweit umgesetzt wird. Die hier vorgestellten Erkenntnisse und Methoden finden dort Anwendung. Sie verbinden alle Kulturen. Er ist Mitglied von Mensa in Deutschland und der Akademie für Potentialentfaltung von Professor Gerald Hüther.

**Kontakt**

Für weitere Informationen:
www.shortcut-academy.com

Online-Analysen zu den fünf Persönlichkeiten und zu Dynamiken in Teams finden Sie unter www.prehumi.de.

Unter jork@jork.biz können Sie sich mit dem Autor über neue Konzepte für Lösungen von konkreten Fällen Ihrer Führungskräfte austauschen.